DER PERFEKTE GAST

IM RESTAURANT

Die Autoren: **Heiner Finkbeiner** ist Besitzer des Hotels Traube Tonbach in Baiersbronn, dessen Restaurant Schwarzwaldstube seit Jahren höchsten kulinarischen Ansprüchen gerecht wird. **Adalbert Schmitt** gründete seit 1971 in Wertheim-Bettingen drei Restaurants: die Schweizer Stuben mit provenzalischer Küche, den Landgasthof Schober mit schweizerischer Küche und die Taverna La Vigna mit authentischen italienischen Gerichten. **Alfons Schuhbeck** modernisierte in seinem Kurhausstüberl in Waging die bayerische Regionalküche; er ist Autor von zehn kulinarischen Büchern und durch zahlreiche TV-Sendungen bekannt.

Die Deutsche Bibliothek – CIP-Einheitsaufnahme
Finkbeiner, Heiner:
Der perfekte Gast im Restaurant / Heiner Finkbeiner ;
Adalbert Schmitt ; Alfons Schuhbeck. – Augsburg : Augustus-
Verl., 1997
ISBN 3-8043-3070-3
NE: Schmitt, Adalbert:; Schuhbeck, Alfons:

Lektorat: Peter Klaus Köhler, Augsburg
Abbildungen Seite 19, 47, 76, 77: Archiv Roland Mehler,
Frankfurt am Main, Seite 25, 47 unten rechts: Heiner Finkbeiner,
Seite 50: Adalbert Schmitt, Seite 56: Alfons Schuhbeck
Umschlaggestaltung: Christine Paxmann, München
Layout: Christine Paxmann, München
Augustus Verlag Augsburg 1997
© Weltbild Verlag GmbH, Augsburg
DTP-Satz: Handmade Werbeagentur Arne Teutsch
Druck und Bindung: Interdruck Graphischer Großbetrieb GmbH
Gedruckt auf 100g/m^2 umweltfreundlich chlorfrei oder elementar
chlorfrei gebleichtes Papier.
ISBN 3-8043-3070-3
Printed in Germany

HEINER FINKBEINER
ADALBERT SCHMITT
ALFONS SCHUHBECK

DER PERFEKTE GAST

IM RESTAURANT

AUGUSTUS VERLAG

INHALT

VORWORT

Eines wollen wir mit diesem Buch ganz gewiß nicht: belehrend wirken wie typische deutsche Oberlehrer. Wir möchten nur denen behilflich sein, die sich im Restaurant wohler fühlen, wenn sie sich sicher fühlen.

Eigentlich hätte uns diese Aufgabe ja der berühmte Freiherr von Knigge abnehmen können. Aber diesem Edelmann der Etikette waren die Restaurants ziemlich wurscht. Wie man an der Tafel mehr Freude hat, seinem Besuch im Restaurant die rechte Würze gibt und als Gast genußvoll auf seine Kosten kommt, das alles ließ Knigge kalt: „Ein mäßiger Mann verlangt doch nicht mehr, als sich satt zu essen."

ESSEN UND TRINKEN SOLLEN LEBENSLUST MACHEN. Gewiß ist ein Restaurant auch dazu da. Aber essen und trinken sollen ja Leib und Seele zusammenhalten, also Lebensgeister wecken und Lebenslust machen. Und das gelingt um so sicherer, je mehr man weiß, wie's geht.

Steife Etikette wäre das falsche Rezept. Aber das geflügelte Wort eines berühmten Feinschmeckers, „sage mir, was du ißt, und ich sage dir, was du bist", wird von unseren Mitmenschen gern so abgewandelt: „Zeige mir, wie du ißt, und ich sage dir, was du bist." Tun wir Ihnen also den Gefallen, und zeigen wir uns auch im Restaurant von unserer besten Seite.

Dazu sind keine komplizierten Benimm-Regeln zu beachten. Es genügt nach Ansicht des bekannten Restaurantkritikers Wolfram Siebeck, „in dem Bewußtsein erzogen" zu sein, daß „private Gewohnheiten bei vielen Gelegenheiten hinter den ortsüblichen Usancen zurückzutreten" haben. Wir sagen Ihnen gern, welche.

Wir danken dem Verlag, uns zu diesem Buch angeregt zu haben, weil das Benehmen bei Tisch immer noch als Maßstab für die gesellschaftliche Bildung empfunden wird.

Heiner Finkbeiner, Adalbert Schmitt, Alfons Schuhbeck

I

GUTER GESCHMACK LÄSST SICH LERNEN

Kleiner Grundkurs
über Geschmacksfragen
in drei Lektionen

Jeder kennt das Sprichwort, wonach sich über Geschmack nicht streiten läßt. Wenn das richtig wäre, würden wir niemanden wegen seines guten Geschmacks bewundern. Doch das tut jeder von uns. Wir alle kennen Menschen, die sich besonders gut anziehen, daheim schön eingerichtet sind oder beim Essen und Trinken mehr herausschmecken.

JEDER SOLL ESSEN, WAS ER AM LIEBSTEN MAG. Selbstverständlich soll jeder essen, was er am liebsten mag, genauso wie sich jeder die Bilder aufhängen oder die Kompositionen anhören kann, die ihm gefallen. Aber wer auf den guten Geschmack kommen will, muß seine Sinne für die Kunst ebenso schulen wie fürs Essen und Trinken. Es ist schön, daß es in den Schulen Musik- und Kunstunterricht gibt, und höchst bedauerlich, daß der Geschmackssinn nicht geschult wird. Nicht jeder lernt als Kind daheim, was wie gut schmecken kann. Und später, beim Essen in der Firmenkantine, erfährt er es wohl auch nicht. Er kann zumeist nur in guten Restaurants neue und angenehme Erfahrungen machen.

MIT ZUNGE, GAUMEN UND NASE

Für unser Geschmacksempfinden bei Tisch sind die Zunge, der Gaumen und die Nasenhöhle wichtig. Mit etwa 2000 Geschmackspapillen auf der Zunge registrieren wir, ob etwas süß (Zungenspitze), sauer (Zungenränder), salzig (Vorderzunge) oder bitter (hintere Zunge) schmeckt. Alle weiteren Geschmacksempfindungen sind geruchsbedingt. Sie werden dort wahrgenommen, wo unsere Atemluft nicht hingelangt: im oberen Teil der Nasenhöhle. Deshalb muß man am Essen oder Wein schnuppern und schnüffeln, damit durch dieses schnellere Ein- und Ausatmen Luft mit den Aromastoffen ganz nach oben in die Nase gelangt – zur sogenannten retronasalen Wahrnehmung.

Der Geruch-Geschmack, den wir dann beim Ausatmen oder in einer Atempause empfinden, kommt durch die Verbindungen zwischen den feinen Riechzellen der Nasenhöhle und dem Geruch-Geschmackszentrum im Vorderhirn zustande. Dort wird das Geruchserlebnis im Scheitellappen analysiert, im Stirnlappen bewertet und im Schläfenlappen zur Erinnerung gespeichert. Querverbindungen erinnern uns dann an frühere Geschmackserlebnisse. Wissenschaftler glauben, daß der Mensch 2000 bis 4000 Gerüche auseinanderhalten kann.

Je mehr Gerüche und Geschmacksempfindungen wir gespeichert haben und je besser unser Gedächtnis funktioniert, desto mehr können wir vergleichen und bewerten, wie gut etwas schmeckt.

DAS AUGE ISST MIT

Unser Geschmackserlebnis wird aber auch durch andere Faktoren beeinflußt. Durch die Augen, die „mitessen", und durch unseren Tastsinn, den wir auch im Mund haben. Wir nehmen wahr, ob die Kruste schön kroß, der Braten butterweich, der Reis körnig, das Eis schmelzend ist oder der Salat knackig. Speisen, die als besonders erotisierend gelten, reizen vor allem unseren Tastsinn von Zunge und Gaumen, wie Kaviar oder Austern. Dieses Mundgefühl entscheidet mit darüber, wie gut uns etwas schmeckt.

Seine Sinne kann man genauso trainieren wie seine Muskeln. Übung macht auch beim Geschmack den Meister, am ehesten, wenn man mit frischen Produkten der Saison und natürlichen Gewürzen übt. Wer möglichst schnell besser schmecken lernen möchte, sollte ein paar hilfreiche, wissenschaftlich erhärtete Grundregeln beachten:

SEINE SINNE
KANN MAN
GENAUSO
TRAINIEREN
WIE SEINE
MUSKELN.

■ Man schmeckt um so mehr, je feuchter der Mund ist.

■ Man riecht um so besser, je leerer der Magen ist; dann läuft einem das sprichwörtliche Wasser im Munde zusammen. Ein voller Magen läßt die sinnliche Wahrnehmung abstumpfen.

■ Mittags und abends sind die Riech- und Schmeckfähigkeit größer als beim Frühstück.

■ Immer die zarteren Gerichte vor den kräftigen essen.

■ Je voller der Magen, desto schwieriger wird das Weinprobieren.

Auch bei Tisch gilt die Regel, daß sich nicht jeder Wert auf Anhieb erschließt. Wer zum ersten Mal einen Trüffel riecht, einen großen Rotwein trinkt oder eine echte Havanna raucht, dem wird nicht sofort bewußt sein, warum sie so teuer sind. Das Bessere vom Guten und das Optimale vom sehr Guten zu unterscheiden, muß man sich selber antrainieren.

Um auszudrücken, wie gut oder schlecht ihnen etwas schmeckt, haben Fachleute eine Skala entsprechender Wörter. Für angenehme Empfindungen: mäßig, mittelmäßig, durchschnittlich, annehmbar, zufriedenstellend, schmackhaft, gut, delikat, vorzüglich, sehr gut, ausgezeichnet. Für unangenehme Empfindungen: mag ich nicht, schmeckt nicht, schlecht, unangenehm, äußerst schlecht, widerlich, ungenießbar.

GENUSS MUSS NICHT TEUER SEIN

Es ist ein weitverbreiteter Irrtum, Genuß mit Luxus, also hohen Preisen, gleichzusetzen. Ein Feinschmecker kann mit einem Teller Spaghetti mit Tomatensauce genauso glücklich sein wie mit einem getrüffelten Fasan. Entscheidend für den Genuß ist nämlich – einen guten Koch vorausgesetzt – nicht der Aufwand eines Gerichts, sondern die Güte der verwendeten Produkte.

Insofern können die beiden geschmackvollsten Küchen unserer Welt, die französische und die italienische, den Genießer gleichermaßen selig machen, obwohl sie diese Wirkung auf ganz unterschiedliche Weise erreichen wollen. Die alta cucina scheint einfach und naturnah, die Grande cuisine kompliziert und kunstvoll. Die Unterschiede der beiden Hochküchen schmeckte der Schriftsteller Luigi Barzini in seinem Standardwerk „Die Italiener" trefflich ab:

„Im Gegensatz zum französischen Essen ist jeder Bestandteil deutlich vom anderen abgesetzt. Auch der kleinste Bestandteil harmoniert mit den anderen, wird aber nicht mit ihnen vermischt. Offensichtlich glauben die Italiener, daß die Freude am Essen (und am Leben) eher zunimmt, wenn man den charakteristischen Geschmack der einzelnen Zutaten (und die Persönlichkeit der einzelnen Individuen) bewahrt, als wenn man sie kunstvoll miteinander verbindet. Ihre Einstellung scheint direkter, unmittelbarer. Sie sind der Natur näher als die Franzosen und neigen weniger zu Kunstgriffen. Die anscheinend so simple italienische Küche stellt manchmal größere Anforderungen als die kompliziertere und raffiniertere der Franzosen. Die Bestandteile selbst müssen ohne jedes Zutun gut sein, damit man sie ohne Hülle darbieten kann.

Ergo: Ein wohlschmeckendes französisches Gericht kann manchmal sogar aus recht gewöhnlichen Zutaten bereitet sein, während die Qualität der meisten italienischen Gerichte auf der Vorzüglichkeit eben der Zutaten beruht."

Wer den geschmacklichen Unterschied zwischen einer Supermarkt-Tomate und einer gartenfrischen erkennt, hat schon guten Geschmack; denn der beginnt nicht erst bei Trüffeln.

II

Deutschland, deine Restaurants: die ganze Welt bittet zu Tisch

Sieben Voraussetzungen,
stets das richtige
Restaurant zu wählen

Die Geschichte des Restaurants begann bei Bouillon

Restaurants im heutigen Sinne gibt es seit gut 200 Jahren. Bis dahin beschränkte sich die Gastronomie auf Gasthöfe, Poststationen und Hotels, in denen Reisende essen konnten, sowie Schänken und Gasthäuser, in denen mehr getrunken und gefeiert als ordentlich gegessen wurde.

Im Jahr 1765 annoncierte ein Pariser namens Armand Boulanger, der fertige Suppen über die Straße verkaufte, an seinem „Bouillon" genannten Ausschank: „Boulanger schenkt göttliche Restaurants aus." Das französische Wort „restaurant" bedeutete damals nur „stärkend" und meinte kräftige Fleischbrühen oder aufbauende Eiermilch, die genesenden oder erschöpften Menschen wieder zu Kräften verhelfen sollten.

Zwei Jahrzehnte später, 1786, erlaubte eine amtliche Verfügung in Paris den Stadtköchen und Restaurants à la Boulanger, ihre Speisen nicht nur zum Mitnehmen zu verkaufen, sondern zum sofortigen Verzehr zu servieren. Sie wurden damit zu Konkurrenten der Gasthöfe, die ihr Monopol nicht verteidigen konnten, weil nach der Französischen Revolution von 1789 alle Privilegien abgeschafft wurden. Im Jahr 1804 gab es in Paris schon über 300 Restaurants. Sie waren Vorbild für alle Welt und setzten auch in Deutschland bis in unsere Zeit die Maßstäbe.

Der erste Restaurateur

Viele der neuen Pariser Restaurants bestachen durch ihre für damalige Verhältnisse ungewöhnliche Sauberkeit und komfortable bis luxuriöse Ausstattung. Sie servierten von morgens bis in die Nacht durchgehend kalte und warme Küche und boten bis zu 150 Gerichte an. Der erste Restaurateur im heutigen Sinne war der Pariser Antoine Beauvilliers: Er bekochte und beriet seine Gäste, die er dank seines guten Gedächtnisses mit Namen und Gewohnheiten kannte, empfahl den passenden Wein und plauderte am Tisch.

Die Küche der Genußmenschen ist so französisch geprägt, daß man fast Französisch können muß, um ihre Grundsätze und feinen Unterschiede zu erfassen – obwohl sie eigentlich aus Florenz kommt. Dort waren die traditionellen, meist ländlich einfachen Gerichte am Hofe der Fürsten Medici während der Renaissance auf pompöse Wirkung hochstilisiert worden.

ZWEI ITALIE-
NERINNEN
BRACHTEN
DEN FRAN-
ZOSEN DIE
GROSSE
KÜCHE BEI.

Nachdem Katharina von Medici und deren Großnichte Maria französische Könige geheiratet hatten, lösten sie auch in ihrer neuen Heimat die Verfeinerung einfacher Gerichte aus: Statt der gewohnten wohlschmeckenden Gerichte mußten fortan immer pompösere Tafelkunstwerke serviert werden. Die Sitte wurde schließlich Ideologie am Hofe des Sonnenkönigs Ludwig XIV.: Französische Kunst und Kultur sollten auch bei Tisch der freien Natur und dem einfachen Leben mit allem Raffinement überlegen sein.

Diese höfischen Allüren führten noch Jahrhunderte später, als die bürgerlichen Restaurants immer aufwendiger wurden, zur Grande oder Haute cuisine; beides bedeutet: Große Küche. Sie erblühte vor allem in den Restaurants der Grandhotels und war bis in die zweite Hälfte unseres Jahrhunderts etwas Luxuriöses, mehr oder weniger gut und wohlschmeckend, aber nicht gesund, sondern fett und kalorienreich und auch wegen der verwendeten Luxusprodukte nur ein Vergnügen für Reiche. Zunächst prägte sie der Franzose Auguste Escoffier, dessen Stil und Rezepte überall exakt nachempfunden wurden, dann sein Landsmann Fernand Point, bei dem etwa die Hälfte der heute berühmtesten französischen Köche lernte. Points Credo waren Butter und Sahne als A und O des Wohlgeschmacks.

LEICHTER UND GESÜNDER

Als die Genießer dann leichter und damit gesünder essen wollten, kam die Nouvelle cuisine groß in Mode, die Neue Küche: ohne schwere Saucen, mit knackigem Gemüse und phantasievollen Verfeinerungen der Gerichte. Aus ihr entwickelten sich, wiederum zunächst in Frankreich und auf hohem kulinarischen Niveau, die Cuisine minceur (schlankmachende Küche), die Cuisine du marché (saisonal geprägte Küche aus marktfrischen Produkten) und die Cuisine naturelle (die Produkte werden bei der Zubereitung so natürlich wie möglich belassen). Auch ein paar deutsche Begriffe prägten sich ein: Regionalküche, Neue Deftigkeit.

Mit fortschreitendem Bewußtsein für Gesundheit, Fitneß und Wellneß kamen neue Küchenrichtungen auf, die weniger nach Genußfreuden, sondern vielmehr wie Heilsbotschaften klangen: Rohkost, Vollwert, Trennkost ...

VOM IMBISS BIS ZUM GOURMETTEMPEL: FREIE AUSWAHL FÜR JEDEN GAST

Die Gastronomie in Deutschland ist heute so vielfältig, daß sie in ihren rund 185 000 Gaststätten aller Genres für jeden Geschmack und jede Eßgewohnheit, für jeden Geldbeutel und jeden Zeitaufwand etwas bietet:

Imbiß, Snack Sie wollen nur rasch den Hunger stillen und erheben als Schnellrestaurants keinen kulinarischen Anspruch.

Selbstbedienungsrestaurant Alles ist vorgekocht und wird nur schnell aufgewärmt. Kalte Speisen stehen angerichtet mehr oder weniger lange in der Vitrine oder im Kühlschrank. Diese SB-Gaststätten erheben ebenfalls keinen kulinarischen Anspruch.

Pizzeria Eine Nachkriegserfindung. Die Pizza (Mehrzahl: Pizze) wurde in ihrer Heimat Neapel wie anderswo in Italien ursprünglich auf der Straße oder in Imbißbuden verkauft.

Steak-Haus Aus den USA übernommene Form des durchrationalisierten Restaurants. Die Gerichte sind fast immer gleich und selten mit kulinarischem Anspruch verbunden.

Regionallokale Landestypische Institutionen wie die badischen oder württembergischen Weinstuben, bayerischen Brauereiwirtschaften, Kölsch-Häuser in Köln oder Äppelwoi-Kneipen in Frankfurt. Mehr oder weniger gut zubereitete kalte und warme regionale Traditionsküche. Die Stimmung ist wichtiger als das Essen.

Szenelokal Moderne Restaurants höchst unterschiedlichen Stils, vom Zeitgeist geprägt. Szenelokale sind selten wegen ihrer Küche bekannt, sondern vor allem deswegen „in", weil es die jüngere Generation hier so relaxed und unkompliziert findet und sie ihr easy going ausleben kann.

Ausländische Spezialitäten-Restaurants Jeder Ausländer kann in Deutschland seine Küche anbieten und die Gerichte als Spezialitäten anpreisen, was sie aber selten sind, da sie zumeist dem deutschen Geschmack angepaßt werden. Typische Vertreter: Balkan-Grills, Chinesen, griechische, japanische, spanische, arabische, türkische Lokale mit zumeist einfachen Gerichten.

Italiener Unter den schätzungsweise 4000 Häusern dominiert der sogenannte „Italiener um die Ecke". Aus dem Namen kann man in Deutschland wenig schließen, im Ge-

Five New Stars in The Gambia

Opening June 1999

gensatz zu Italien, wo die Gastronomie penibel differenziert wird in Ristorante (vornehm, teuer, internationale Küche), Trattoria (städtische Gaststätte), Locanda (Landgasthof), Taverna (Weinschänke), Osteria (Dorfkneipe) und Pizzeria.

So beliebig Italiener hierzulande ihre Lokale titulieren, so gleichgültig nehmen sie hin, daß die Deutschen von italienischer Küche reden, obwohl es die nicht gibt. Denn jede der 22 Regionen zwischen Südtirol und Sizilien kocht nach eigenem Gusto, aber längst nicht mehr so streng wie vor der Industriealisierung, die zahllose Italiener aus dem armen Süden in den reichen Norden lockte und Unterschiede verwischte.

Üblich ist die Warenpräsentation im Lokal: Der Gast kann aus dem Antipasti-Büffet seine Vorspeise wählen, die frischen Fische werden am Tisch gezeigt, die Weine sind an der Wand parat (was den Roten selten gut bekommt, schon gar nicht, wenn sie stehen), Beilagen können fast immer nach Belieben ausgesucht werden und den Salat macht sich der Gast selbst an, da Essig und Öl auf seinem Tisch stehen.

Italienische Lokale gelten als besonders familienfreundlich, weil Italiener vom Naturell her kinderlieb sind.

Bistro Aus Frankreich übernommen, wo die Bistros in locker-flockiger Atmosphäre mehr oder weniger deftige Hausmannskost bieten, die auch in Paris von der Lyoner Küche geprägt ist. Der Name ist vom russischen Wort für „schnell" abgeleitet. In Deutschland ist der Begriff sehr schillernd. Ein Bistro kann klassisch-pariserisch oder new fashioned sein, als Zweitrestaurant eines berühmten Kochs fungieren und dessen Küche in einfacherer Form bieten oder eine modische Mixtur aus deutscher, französischer, amerikanischer, asiatischer und italienischer Küche bieten. Im Prinzip wollen Bistros, die es in allen Preislagen gibt, unkompliziert in jedem Sinn sein.

Gutbürgerliche Restaurants Stammen aus der Zeit, als das Bürgertum zwischen den einfachen Wirtshäusern und den Luxuslokalen der Wohlhabenden etwas Passendes für sich haben wollte. Sehr gediegen eingerichtet, traditionelle deutsche und mittlerweile auch internationale Gerichte.

Luxus-Restaurants Früher die große kulinarische Welt, in der sich die Reichen und Schönen an Kaviar, Hummer und Gänseleber delektierten. Heute fast nur noch in Luxushotels zu finden. Der Aufwand für die Einrichtung und beim Service, der sich in den Preisen niederschlägt, ist fast überall ungleich höher als die Küchenleistung. Zumeist werden die bekannten internationalen Gerichte aus der klassischen Küche geboten.

Gourmettempel Sie bieten die Spitzenküche von heute, die vom individuellen Stil des Küchenchefs geprägt ist. Er versteht sich als kreativer Kochkünstler, der aus bestmöglichen Produkten in optimaler, leicht bekömmlicher Zubereitung phantasievolle Gerichte komponiert. Dazu gibt es – in meist sehr festlichem, dem kulinarischen Erlebnis angemessenen Rahmen – die großen Weine der Welt. Das alles kann kein billiges Vergnügen sein. Damit solch ein Spitzenrestaurant plus minus Null rauskommt, muß ein Gast schon zwischen 150 und 200 Mark ausgeben. Die Kosten, die ein Gourmettempel aufgrund seines Aufwands hat, bevor der Gast Platz nimmt, liegen zwischen 50 Mark bei Häusern, die mittags und abends aufhaben, und 90 Mark bei reinen Abendrestaurants. Gourmettempel wollen über das Vergnügen hinaus, köstlich zu essen und zu trinken, auch das vom Gast erwartete Erlebnis festlicher und glücklicher Stunden bieten.

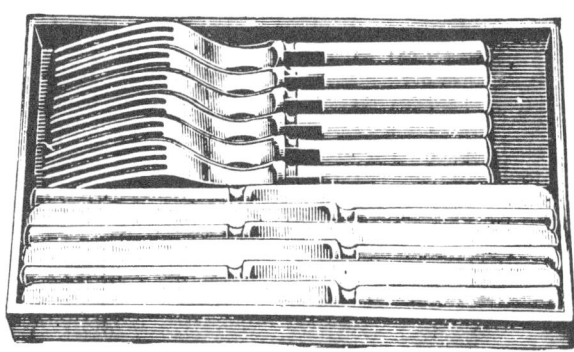

WER IST EIN GOURMET?

Gourmets verstehen sich nicht nur als Feinschmecker, sondern grundsätzlich als Menschen, die das Leben genießen wollen. Sie sind nicht nur den Tafelfreuden zugetan, sondern auch sonst auf Genuß bedacht. In der Kunst wie auf Reisen, in ihrer Umgebung wie in der Freizeit können sie feinsinnig Echtes und Falsches, Ehrenwertes und Mittelmäßiges unterscheiden. Sie können sich von Herzen freuen und loben bereitwillig, sie lassen sich gern überraschen, sind neugierig und können gewohnte Vorstellungen für neue Erkenntnisse aufgeben, sie trauen sich, zu fragen, wenn sie etwas nicht wissen, und lassen sich beraten.

GOURMETS LASSEN SICH BERATEN.

Feinschmecker, laut Wörterbuch Menschen mit der „Fähigkeit, gerne und mit Verständnis gut zu essen", sind zumeist Lebenskünstler. Oft benutzen sie für das in ihren Ohren unelegant klingende deutsche Wort „Feinschmeckerei" das französische Gourmandise. Gourmand war ursprünglich das französische Wort für Feinschmecker, es wandelte sich zum Begriff für Vielfraß, als jenseits des Rheins für den Nachservice eines Gerichtes der Fachbegriff „comme gourmand" aufgekommen war. Danach wurde das für Weinkenner gebräuchliche Wort „Gourmet" generell auf Feinschmecker angewandt.

FORTSCHRITT FÜR ALLE

Auch wenn man die Gourmets für einen elitären Teil unserer Gesellschaft hält, darf man ihre Breitenwirkung nicht unterschätzen. Sie animieren Bauern, Viehzüchter und Gärtner zu wohlschmeckenden Produkten abseits der Massenproduktion, sie spornen die Köche an, immer besser zu kochen. All das dient nicht nur dem Lebensglück der Gourmets, sondern bewirkt letztendlich auch den Fortschritt für alle anderen Esser:

Gäbe es keinen kulinarischen Fortschritt, über den ja Fernsehen, Radio, Zeitschriften und Zeitungen berichten, wären auch die Fertiggerichte und Tiefkühlwaren in den letzten Jahrzehnten nicht besser geworden.

So gilt man als guter Gast

Wir geben gutem Essen in gepflegtem Rahmen leicht einen elitären Schein ... Der Franzose dagegen steht zu seiner Küche als Ausdruck seiner Kultur. Freuden der Küche sind für ihn Freuden des Lebens. Den Deutschen dagegen fällt das schwer. Das mag an der Mentalität liegen, aber vielleicht auch an unserer „preußischen" Erziehung ... Die Freude am Essen und Trinken ist die natürlichste Sache der Welt; und warum nicht ab und zu oder auch öfters bei einem Mahl in gepflegtem Rahmen aus dem Alltag schlüpfen? Selten verfehlt gutes Essen und Trinken seine Wirkung auf Geist und Seele ... Den Tisch mit dem Gast, dem Freund oder Fremden zu teilen, ist sichtbares Zeichen für Freundschaft.
Walter Scheel 1981 als Bundespräsident zum Thema Lebenskultur

Selten verfehlt gutes Essen seine Wirkung auf Geist und Seele.

So wie es in Ihrem privaten und beruflichen Leben liebenswerte, nette und unbeliebte Menschen gibt, unterscheiden auch Gastronomen zwischen erfreulichen und weniger erfreulichen Gästen. Am liebsten ist Ihnen der sogenannte „gute Gast".

Wen er darunter versteht, bestimmt jeder Gastronom nach seinen eigenen Kriterien – und behält es gern für sich. Deshalb möchten wir hier aus einer Umfrage zitieren, die ein bekannter Gastronomiejournalist einmal unter Inhabern von Spitzenrestaurants und Starköchen machte. Hier eine Auswahl der Antworten:

- Der gute Gast tritt selbstsicher, aber nicht arrogant auf. Er kommt nicht, um für sein Geld Ansprüche zu stellen, sondern um sich einen schönen Abend zu machen. Dabei ist das Essen nicht das Entscheidende, sondern nur mitentscheidend. Was der Koch dazu beitragen kann, muß der Gast ihm nahebringen.
- Ein guter Gast ist ein Mensch, der nicht nur gern gut ißt und trinkt, sondern das auch richtig genießen kann.
- Der gute Gast würdigt, was wir Köche ihm nach besten Wissen und Können zu bieten haben. Er vertraut sich uns an, weil er weiß, daß wir ihn nicht abfertigen, sondern gewinnen wollen.
- Der gute Gast will vor allem einen schönen Abend erleben. Dazu sollte er sich auf den Stil des Hauses einstellen. Am besten sollte er mit einem passenden Weißwein beginnen, um in die richtige, genießerische Stimmung zu kommen.
- Ein guter Gast bestellt sich einen anständigen Weiß- und Rotwein und läßt mich dazu etwas kochen.
- Der gute Gast setzt Vertrauen in den Gastronomen und kommt nicht mit dem ungesunden Mißtrauen, das vielen Deutschen immer noch eigen ist.
- Der gute Gast ist zu einem vernünftigen Kompromiß zwischen seinen konkreten Vorstellungen und dem Angebot des Restaurants fähig.

Willkommen in unserer Bauernstube

IHRE FAMILIE FINKBEINER

*Seit 200 Jahren
macht es unserer Familie Freude,
unsere Gäste zu
verwöhnen!*

Der Anlass bestimmt die Wahl des Restaurants

Jeder Mensch kennt Restaurants durch eigene Besuche und vom Hörensagen. Er hat seine Favoriten für ein Essen, das schnell gehen soll, ebenso wie für den Muttertag oder den Familienbesuch, den man ausführt.

Es gibt zwei naheliegende Gründe, ins Restaurant zu gehen: erstens der ganz normale Hunger, zweitens der Appetit auf ein besonderes Vergnügen.

Darüber hinaus empfiehlt sich das Restaurant für ein gemütliches Beisammensein, die erste Verabredung und geschäftliche Besprechung in animierendem Rahmen oder für die festliche Feier eines besonderen Ereignisses sowie für Vereins- und Betriebsausflüge. Schließlich locken Restaurants, wenn sie viel Prominenz zu Gast haben, besonderen Lokalkolorit bieten oder für etwas Spezielles bekannt sind. Manche Gaststätten sind regelrechte Treffs bestimmter Berufsgruppen, andere machen neugierig, weil sie in einem modischen Trend ganz vorn liegen oder als Szene-Lokale sehr im Gespräch sind.

FÜR JEDEN ANLASS GIBT'S DAS PASSENDE RESTAURANT.

Für jeden Anlaß kann man sich aus dieser Vielfalt das jeweils passende Restaurant aussuchen – unter kulinarischen, atmosphärischen und finanziellen Gesichtspunkten. Zu wissen, was man will und bekommen kann, erspart Enttäuschungen und steigert das Vergnügen. Es käme ja auch niemand auf die Idee, bei C & A einen Mantel von Jil Sander zu suchen oder in der Chanel-Boutique nach Levis Jeans zu fragen. Genauso unsinnig wäre es, in einem Gourmettempel ein Pfeffersteak mit Salat essen zu wollen oder im Steak-Haus ein Carpaccio von Jakobsmuscheln zu erwarten.

RESTAURANTS EMPFEHLEN SICH UND WERDEN EMPFOHLEN

Wer zu einem bestimmten Anlaß kein passendes Restaurant weiß, der kann sich auf verschiedene Weise helfen. Es liegt nahe, dann Verwandte, Bekannte oder Kollegen um Rat zu fragen. Damit Sie eine passende Empfehlung bekommen können, ist es wichtig, daß Sie möglichst genau sagen, worauf Sie Wert legen und was Sie tunlichst nicht erleben möchten. Auch der Preis, den Sie zahlen wollen, spielt eine Rolle – und Sie können ruhig darüber reden.

Es macht ja für den Befragten einen Unterschied, ob Sie zugunsten einer besonders guten Küche einige Abstriche bei der Atmosphäre machen würden oder ob Ihnen die Stimmung wichtiger ist als die Küche, ob Ihnen ein legerer Service angenehm oder lästig ist, ob Sie Ihre Gäste lieber in ein „in"-Restaurant oder einen Geheimtip ausführen möchten, ob Sie experimentierfreudig sind oder feste Gewohnheiten haben. Je genauer Sie also sagen, was Sie wollen, desto einfühlsamer und besser werden die Tips sein, die Sie bekommen.

GUTE RE-STAURANTS WERBEN SELTEN. Der Annoncenteil Ihrer Heimatzeitung sprudelt nur spärlich als hilfreiche Informationsquelle für Genießer. Denn erstens inseriert dort selten ein Restaurant, das aufgrund seines Erfolgs gut besucht ist, und zweitens wird niemand außer seinen Vorzügen auch seine Nachteile bekanntmachen. Wirklich gute Restaurants inserieren allenfalls, wenn sie etwas Besonderes mitzuteilen haben: Meist sind das geänderte Öffnungszeiten oder räumliche Erweiterungen (beispielsweise der Anbau einer Terrasse), manchmal aber auch Spezialitätenwochen, in denen der erste Spargel angeboten wird, ein französischer Koch zu Gast ist oder Gerichte aus der Toskana serviert werden.

TIPS VON PROFIS

In den meisten Zeitungen und Zeitschriften gibt es auch eine Rubrik, die Restaurants vorstellt, an Kiosken und in Buchhandlungen sind Hochglanzmagazine zu haben, die Restaurants präsentieren. Nützlich können sie alle grundsätzlich nur sein, wenn klar gesagt wird, nach welchen Kriterien geurteilt wird und wie kompetent die Kritiker sind. Wird beides nicht erwähnt, können Sie die Kompetenz der Beurteilung daran erkennen, wie sehr bei Lob oder Tadel ins Detail gegangen wird. Oder umgekehrt: Je allgemeiner die Besprechung gehalten ist, desto weniger versteht der Autor von der Küche und dem Stil des Restaurants.

Ihr Geld als hilfreiche Informationsquelle wert sind die bekannten Feinschmecker-Zeitschriften, die sich aktuell mit Restaurants beschäftigen, und die alljährlich erscheinenden Restaurantführer, die durch Symbole oder auch durch Texte die Küche, den Stil und die Atmosphäre bewerten.

Fundierte Restaurantkritiken sind nützlich. Sie helfen sowohl dem Gast, der über ein ihm unbekanntes Lokal erfahren möchte, ob er gern dort essen und sich wohl fühlen würde. Sie bringen aber auch die Mitarbeiter eines Restaurants voran, die von einem Lob zusätzlich motiviert werden und bei Kritik in sich gehen und Verbesserungen überlegen können.

RESTAU-RANT-KRITIK ERSPART SINNLOSES LEHRGELD.

Restaurantkritik kann den an neuen geschmacklichen Erlebnissen interessierten Leser auf lohnende Lokale aufmerksam machen und dem kulinarischen Anfänger bei seinen ersten Schritten davor bewahren, sein Lehrgeld sinnlos auszugeben.

Apropos Geld: Wenn Sie schließlich für Ihren Essensanlaß das passende Restaurant gefunden haben, sollten Sie, bevor Sie jemanden dorthin einladen, der anschließend eine Gegeneinladung aussprechen wird, auch noch bedenken, ihm kein Restaurant zuzumuten, das seine finanziellen Verhältnisse überfordert.

Die moderne Kleiderordnung: Man trägt, was passt

In einer Umfrage der Zeitschrift „Feinschmecker", was jungen Leuten an der Spitzengastronomie mißfalle, wurde unter anderem geantwortet: „Wer von uns geht schon gern mit Anzug und Krawatte essen? Der Steinbutt schmeckt deshalb auch nicht besser."

Das ist wahr. Ebenso wahr ist, daß es für Spitzenrestaurants keine verbindliche Kleiderordnung gibt. (Es sei denn, man ist eingeladen und der Gastgeber hat bestimmte Wünsche, die er dann auch bei seiner Einladung vermerken wird.)

Trotzdem wird den Top-Lokalen immer wieder – nicht nur von der unangepaßten Jugend – nachgesagt, sie seien zu vornehm und erwarteten deshalb eine entsprechende Kleidung der Gäste.

Auf den zitierten Vorwurf erwiderte der renommierte Gastro-Kritiker Wolfram Siebeck, amüsant wie immer mit einem ironischen Vergleich: „Auch ein Violinkonzert klingt nicht besser, wenn die Zuhörer nicht im Jogginganzug im Konzertsaal sitzen." Dann fügte er hinzu, um das weitverbreitete Mißverständnis über die angemessene Garderobe für nicht alltägliche Anlässe zu klären: „Den Smoking tragen Wagnerianer in Bayreuth ja nicht wegen obsoleter Kleidervorschriften, sondern aus Respekt vor der Leistung der Sänger, des Komponisten und, manchmal, des Regisseurs. Ein Ereignis, das ein kulturelles oder zivilisatorisches Glanzlicht in unsere vulgäre Gegenwart setzt, feiert man nicht in Shorts. Nicht anders ist es dort, wo Meisterköche, von denen es ja auch nicht mehr gibt als gute Sopranistinnen und Tenöre, staunenswerte Höchstleistungen erbringen."

Um für ein elegantes Restaurant richtig gekleidet zu sein, genügt es laut Siebeck, „in dem Bewußtsein erzogen" zu sein, daß „private Gewohnheiten bei vielen Gelegenheiten hinter den ortsüblichen Usancen zurückzutreten" haben.

Sich wohl fühlen ist das Wichtigste

Wir Gastronomen verstehen uns wahrlich nicht als Gouvernanten, Nachhilfelehrer oder Vertreter der Ansicht, daß Kleider Leute machen. Darum gibt es glücklicherweise keine Kleidungsvorschriften für deutsche Restaurants – bis auf zwei uns bekannte Ausnahmen: Nur in den Luxusrestaurants von Brenner's Park-Hotel in Baden-Baden und des Hotels Vier Jahreszeiten in Hamburg herrscht noch jener Jackett- und Krawattenzwang, der in fast jedem amerikanischen Nobellokal üblich ist. Im Prinzip kann der Gast ansonsten hierzulande so kommen, wie er will und wie er sich wohl fühlt – auch in die sogenannten Gourmettempel.

Trotz dieser Freiheit tragen die meisten männlichen Gäste in den besseren deutschen Restaurants freiwillig Jackett und Krawatte und erkundigen sich die meisten weiblichen Gäste gern vorher, welche Klasse ein ihnen unbekanntes Restaurant hat, um sich nicht im legeren Jeans-Kostüm zwischen Damen in Abendgarderobe unbehaglich zu fühlen. Aber das tut niemand unter irgendeinem Zwang, sondern nur in dem Bewußtsein, das der italienische Modeschöpfer Nino Cerrutti so ausgedrückt hat: „Was man trägt, sollte zur Umgebung, zum Anlaß und selbstverständlich zum Träger passen."

„Was man trägt, sollte zur Umgebung, zum Anlass und zum Träger passen."

Wieviel die Kleidung über einen Menschen aussagen kann, beschrieb ein bekannter Mann aus dem Gastgewerbe einmal so: „Würde ein geschulter Gastronom mit Lebenserfahrung auf der Hauptstraße einer Großstadt das Publikum Revue passieren lassen, so würde es ihm in den weitaus meisten Fällen gelingen, jeden einzelnen Passanten zu klassifizieren, das heißt nach der Kleidung, dem Habitus und nach sonstigen Indizien vorauszusagen, ob der Passant auf dem Weg ins Bürgerbräu, in die Präpelecke, in den ‚Strammen Hund' oder ins Restaurant des Grand-Hotels ist.

Es mag gerügt werden, hier die Kleidung als Erkennungszeichen an die erste Stelle zu setzen. Aber die Kleidung ist nun mal das erste, was wir beim Entree eines Gastes sehen. Erst beim Nähertreten erkennen wir das Gesicht und bei den ersten Worten die Art und das Benehmen des Gastes."

WAS MAN/FRAU TRÄGT

Wer auf die Wahrung der guten alten Formen Wert legt oder Wert zu legen hat, wird beim Restaurantbesuch folgendes beachten:

Der Herr ist zum Mittagessen in Tageskleidung korrekt angezogen, darunter versteht man Büro- oder Straßenanzug oder eine Kombination; für ein typisches Ausflugslokal kann auch Freizeitkleidung genügen (lange Hose, Sporthemd, Pullover). Die Dame trägt Kostüm, Kleid, Hosenanzug, Rock und Bluse oder Pullover; im Ausflugslokal ihr übliches Freizeit-Outfit.

Zum festlichen Abendessen kann mit dem Vermerk „dunkler Anzug", „Smoking" oder „Abendgarderobe" (womit Smoking gemeint ist) eingeladen werden. Diese Wünsche werden meist nur für die männliche Garderobe genannt; die weibliche ergibt sich daraus. Steht hinter der Angabe noch das Wörtchen „erwünscht", so ist das nicht etwa als unverbindliche Anregung gemeint, sondern eine höfliche Form der Vorschrift.

DAS WORT „ERWÜNSCHT" IST EINE HÖFLICHE VORSCHRIFT.

Trägt der Herr Smoking, der im Sommer auch weiß sein darf, kommt die Dame im Abendkleid (das nicht mehr, wie früher, lang sein muß), im eleganten Abendkostüm oder festlichen Hosenanzug.

Zum dunklen Anzug trägt der Herr ein weißes Hemd, dunkle Socken, schwarze Schuhe und Krawatte (oder Fliege oder ein elegantes Halstuch). Die Dame begleitet ihn im kleinen Schwarzen, worunter heute gemeint ist: im eleganten Kleid/Abendkostüm/Hosenanzug. Elegant und festlich bedeuten nicht teuer; durch Charme oder zumindest freundliche Art läßt sich vieles ausgleichen.

III

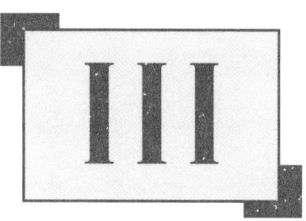

Die kleinen Tricks beim Reservieren

„Wir sind voll" muß nicht
das letzte Wort sein.
Eine Chance haben Sie noch

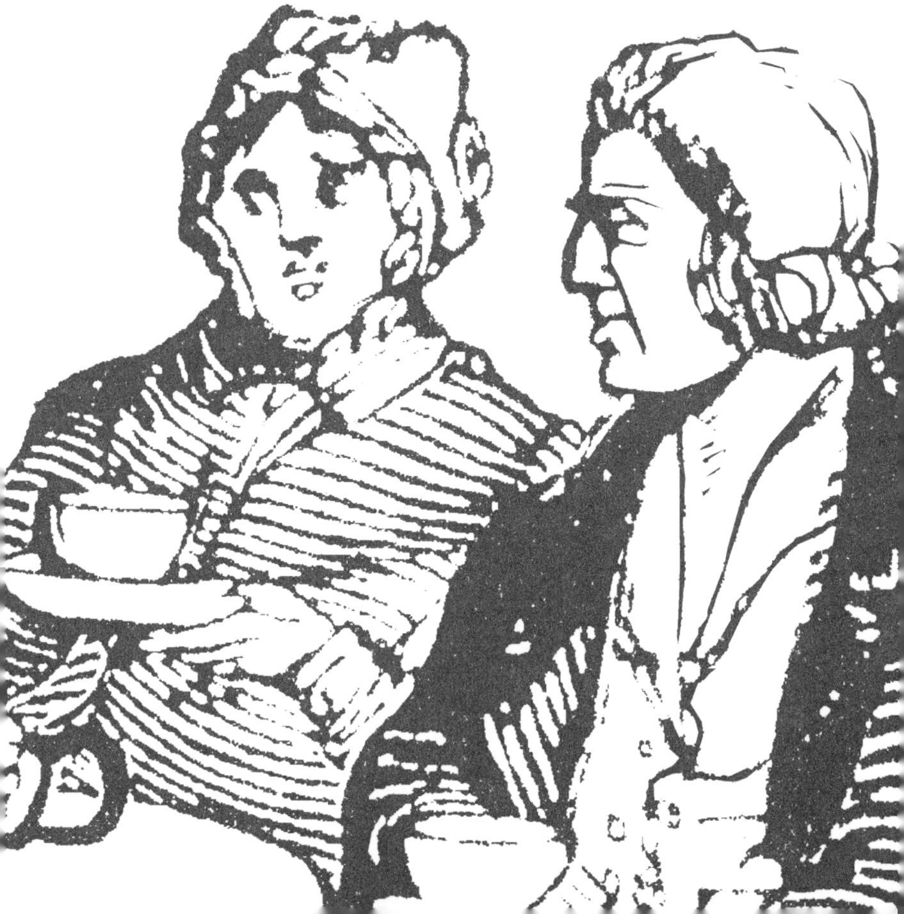

EIN KOMPLIMENT IST HILFREICHER ALS WICHTIGTUEREI

Wer einen „schönen Tisch" in einem beliebten Restaurant haben möchte, sollte so früh wie möglich reservieren; denn den will jeder Gast.

Was ist ein „schöner Tisch"? Der Gast wird die Frage je nach dem Anlaß seines Essens beantworten: Für ein romantisches Tête-à-tête ist eine idyllische Ecke angenehm, für eine geschäftliche Besprechung ein Tisch mit möglichst weitem Abstand zu anderen Gästen, für das Essen mit auswärtigem Besuch der Tisch mit dem reizvollsten Ausblick.

ERBITTEN SIE EINEN SCHÖNEN TISCH PRÄZISE.

Da der Restaurantbesitzer alle seine Tische angenehm findet und jeden besetzen möchte, sollten Sie also bei der Reservierung nicht pauschal um einen schönen Tisch bitten, sondern ihren Wunsch präzise vortragen. Ist Ihnen das Restaurant unbekannt, gehen Sie ruhig hin – aber tunlichst nicht während, sondern vor oder nach dem Mittag- bzw. Abendessen, schauen es sich an und besprechen Ihren Besuch.

Auch bei diesem Reservierungsgespräch gilt die alte Lebensweisheit: Wie man in den Wald hineinruft, so schallt es heraus. Je angenehmer und freundlicher Sie im Restaurant – von der Reservierung bis zur Reklamation – Ihre Wünsche und Ihre Kritik vorbringen, um so erfolgversprechender ist's.

Natürlich kann man dabei seinen Sonderwünschen auf angenehme Art nachhelfen. Am hilfreichsten sind auch im Restaurant die Komplimente. Eine Reservierung geht glatter, der Service ist netter, der Koch entgegenkommender, wenn Sie beispielsweise auf ungekünstelte Art und Weise damit schmeicheln, wieviel Gutes Sie schon über das Restaurant, dessen Küche und Service gehört haben. Umgekehrt können Sie darauf vertrauen, daß insbesondere die Spitzengastronomie, die wirtschaftlich nicht auf Rosen gebettet ist, in der Hoffnung auf neue Stammgäste und höheren Umsatz alles tun wird, um Ihre plausiblen Sonderwünsche bestmöglich zu erfüllen.

Was tun, wenn Ihnen bei der Reservierung gesagt wird, daß leider kein Tisch mehr frei ist, Sie aber das geplante Essen nicht verschieben können? Dann bleibt Ihnen eine Chance: Bitten Sie um ein Gespräch mit dem Chef des Hauses. Denn der kann, was auch in allen anderen Betrieben nicht jeder Mitarbeiter darf, noch manches Unmögliche möglich machen. Vielleicht stellt er einen zusätzlichen Tisch ins Restaurant, wenn das den anderen Gästen zumutbar ist, vielleicht schlägt er Ihnen vor, etwas früher oder später zum Essen zu kommen, weil ein Tisch sehr zeitig oder erst spät reserviert ist, vielleicht kann er auch eine kleine Gesellschaft bitten, im angrenzenden Salon zu tafeln.

Viele renommierte Restaurants auf dem Lande haben auch ein kleines Hotel. Dort bekommen Sie – besonders an Wochenenden und Feiertagen – eher einen Tisch, wenn Sie erst nach einem Zimmer fragen.

AM BESTEN MITTENDRIN

Und noch ein Tip: Findet sich für intime private oder geschäftliche Essen kein idealer Platz, kein stilles Eckchen, dann setzt man sich am besten mitten ins Restaurant. Denn dort bilden die von allen Seiten kommenden Geräusche gleichsam eine schützende Barriere für die eigene Unterhaltung.

Gelegentlich kann es Ihnen passieren, daß Sie das geplante Essen absagen müssen. Dann sollten Sie in jedem Fall anrufen und den Tisch abbestellen. Denn jeder Gastronom wird einen Namen in unangenehmer Erinnerung behalten, der mit einem den ganzen Abend freibleibenden Tisch und entsprechendem Einnahmeverlust verbunden ist.

DER GEDECKTE TISCH:
DIE VISITENKARTE DES
RESTAURANTS

Das dreifache Kunststück,
es Ihnen bei Tisch
behaglich zu machen

Vom Saucenlöffel bis zur Fingerbowle

Jedes Restaurant in Deutschland, das nicht nur dem schnellen Stillen des Hungers dient, will seinen Gästen den Besuch so angenehm wie möglich machen. Natürlich geschieht dies im Rahmen seines Stils und seiner Preiskategorie, denn niemand erwartet im Schnellrestaurant bequeme Armlehnstühle, beim Italiener um die Ecke schweres Tafelsilber oder im Bistro üppigen Blumenschmuck.

JE AUF-WENDIGER DIE KÜCHE, DESTO EDLER DER TISCH. Je aufwendiger die Küche arbeitet, desto festlicher wird der Tisch gedeckt, desto edler sind Mobiliar und Wandschmuck, desto aufwendiger ist der Service. Dies muß nun keineswegs auf die gute Laune drücken, denn die Stimmung im Restaurant hängt nicht von Äußerlichkeiten ab, sondern von den Menschen, vom Service ebenso wie von den Gästen.

Im luxuriösen Lokal wird vor Ihnen auf dem Tisch ein Platzteller aus Porzellan, Kristallglas oder Edelmetall stehen, auf dem Ihre Serviette liegt. Dieser Teller ist nur Zierrat. Die Serviette sollte zwar dekorativ gefaltet, aber für den Gast leicht zu entfalten sein. In manchen Häusern wird sie noch als Lilie, Schmetterling oder sonstwie kunstvoll gestaltet. Weil der Gast dann aber eine ziemlich zerknitterte Serviette auseinandernimmt, ist diese alte Sitte aus der Mode gekommen.

Aufwand beim Besteck

Neben dem Platzteller liegt das Besteck. In manchen Restaurants wird jeweils nur das für den nächsten Gang benötigte Besteck eingedeckt. In anderen findet der Gast bereits das für ein ganzes Menü nötige Besteck vor. Dann liegen links neben dem Platzteller von innen nach außen Fleischgabel, Fischgabel, Vorspeisengabel; rechts Fleischmesser, Fischmesser, Vorspeisenmesser. Oberhalb können auch schon Löffel und Gabel fürs Dessert liegen.

In sehr feinen Restaurants liegt die Messerspitze auf einem Messerbänkchen; die Gabel wird dann auch mit ihren Zinken nach unten liegen. Diese Plazierung hatte früher hygienische Gründe, die allerdings heute nicht mehr gegeben sind. Die Gabel mit den Zinken nach unten zu legen, hatte einst in herrschaftlichen privaten Häusern auch den Grund, den Gästen das auf der Unterseite eingravierte Wappen vorzuführen.

Früher wurden die Bestecke für den Käse und das Dessert immer oberhalb des Tellers miteingedeckt. Heute werden sie meist erst gebracht, wenn Käse und Dessert bestellt sind. Das macht schon deswegen Sinn, weil der Gast beispielsweise beim Nachtisch für Blätterteig oder Obsttörtchen Messer und Gabel braucht, für Eis hingegen nur einen Löffel.

Oberhalb des Tellers kann ein spezieller Saucenlöffel liegen, der flacher als ein Suppenlöffel ist und auch Gourmetlöffel genannt wird, weil er nur in Gourmettempeln üblich ist. Dieser Löffel ist bei uns mit der Nouvelle cuisine auf die Tische gekommen, aber schon lange vorher von dem französischen Schriftsteller und Feinschmecker Curnonsky (1872–1956) in die große Küche eingeführt worden. Der Löffel, der in Frankreich oder in der Schweiz oft das Fischmesser ersetzt, kann auch zwischen Vorspeisen- und Fischmesser eingedeckt sein oder erst eingedeckt werden, wenn ein Gericht mit Sauce folgt.

BROT & BUTTER GIBT'S GLEICH

Links neben dem Platzteller steht ein Brotteller, auf dem ein Buttermesser liegt. Brot und Butter finden sich entweder in einem Körbchen mitten auf den Tisch oder werden gebracht, sobald die Gäste Platz genommen haben. Brot und/oder Brötchen können dem Gast auch auf einem Tablett präsentiert werden, von dem er dann auswählt. Brot und Brötchen werden nicht mit dem Messer geschnitten, sondern von Hand in mundgerechte Stücke gebrochen. Was man einmal angefaßt hat, legt man nicht wieder in den Brotkorb zurück, sondern behält es auch dann auf seinem Brotteller, wenn man's nicht aufessen will. Brot und Butter sollen dem Gast über die Zeit bis zum Servieren des ersten Gangs hinweghelfen, wenn er den ersten Hunger stillen will.

Zur Einstimmung wird in guten Restaurants entweder zum Aperitif oder nach der Bestellung des Essens ein Amuse-bouche oder Amuse-gueule (Gaumenkitzler) als Appetithäppchen gereicht, zum Beispiel ein Stückchen Zwiebel- oder Lauchtorte (Quiche Lorraine), Blätterteiggebäck oder Mousse von Fisch oder Geflügel. Dieses meist als „Gruß aus der Küche" servierte Häppchen wird nicht eigens berechnet. Große Köche richten ihr Amuse-bouche gern nach der Bestellung des Gastes aus, um ihn auf die besonderen Tafelfreuden einzustimmen: Er wird dann vorab etwas bekommen, was er nicht in seinem Menü hat.

WENN SIE MIT FINGERN ESSEN

Zur gehobenen Tischkultur in besseren Restaurants gehört es auch, zu Gerichten, bei denen man mit den Fingern essen darf, zum Beispiel Spargel, Wachtelkeulen, Austern oder Krebse, auf einem kleinen Teller eine Schale mit lauwarmem Wasser zu servieren, die sogenannte Fingerbowle. Wenn auch ein Zitronenschnitz dabei ist, drückt man den ins Wasser aus, reinigt sich dann darin die Finger und trocknet sie in der unter der Schale liegenden Serviette ab und legt diese Serviette zusammengefaltet unter die Schale zurück.

Für Spaghetti gibt's fast überall in italienischen wie deutschen Lokalen nicht nur eine Gabel, sondern auch einen Löffel; die Gabel liegt dann links, der Löffel rechts vom Teller.

Gläser, die den Genuss steigern

Auf dem eingedeckten Restauranttisch stehen rechts oben am Teller die Gläser. Es sind mindestens zwei, nämlich eins für Wasser, eins für Weißwein; oft auch als drittes ein Rotweinglas.

In noblen Lokalen, vor allem aber in Gourmettempeln, wird viel Aufhebens darum gemacht, daß Form und Größe des Glases den unterschiedlichen Weinen am besten gerecht werden.

Grundsätzlich soll ein Weinglas nicht klein, aber auch nicht übertrieben groß sein; es soll nur zu einem Drittel bis maximal zur Hälfte gefüllt werden, um die richtige Temperatur des Weins bei normaler Trinkgeschwindigkeit zu erhalten. Ferner soll es aus klarem, ungefärbtem Glas sein, um die Farbe des Weins nicht zu verfälschen. Und drittens wird es oben leicht nach innen gewölbt sein, dann läßt sich der Wein zur besseren Duftabgabe schwenken, ohne dabei etwas zu verschütten.

Eng oder weit, gross oder klein?

Seit sich Glasfabrikanten richtig wissenschaftlich damit beschäftigen, wie die gängigsten Weintypen ihr Bukett am besten entfalten können und wo ein Schluck Wein beim Trinken im Mund aufkommen muß, um am besten zu schmecken, wurden zahllose Weingläser entwickelt: für junge, für säurebetonte, für schwere Weißweine, für einfachere Rotweine, für Burgunder, für normale und ganz große Bordeaux. Denn Weine unterscheiden sich ja nicht nur im Duft und Geschmack, sondern auch noch in Konsistenz, Stärke, Struktur, Körper und Nachhaltigkeit. Aus einem Glas mit weitem Durchmesser gelangt der Wein in solcher Breite in den Mund, daß er dort auch seitlich über die Zunge abfließt und alle Geschmackspapillen aktiviert.

Selbst über das optimale Wasserglas wurde lange nach- und weit zurückgedacht. Am besten schmecke Wasser, das wie vor grauer Zeit frisch aus einer Quelle sprudele und aus der hohlen Hand getrunken würde. Also sei ein Glas, das diese Handform nachempfinde und in das immer nur soviel Schlucke eingeschenkt werden, wie die Hand fasse, das optimale.

Kompliziert wurde die Gestaltung der Weingläser zusätzlich durch die Ästhetik. Sie sollen schön aussehen, möglichst dünnwandig sein und in der Gewichtung zwischen Kelch, Stiel und Boden so ausbalanciert sein, daß sie stets ein angenehm handliches Gefühl auslösen. Weingläser faßt man (wie Champagner- oder Sektgläser) immer am Stiel, nie am Kelch an. Das hat einen ästhetischen und einen praktischen Grund: Die Hand am Kelch wärmt den Wein und hinterläßt unschöne Fingerabdrücke.

GLAS-KULTUR

Ein gutes Restaurant pflegt also nicht nur den Weinkeller, sondern auch seine Glaskultur. Es wird Ihnen den Wein stets in jenem Glas anbieten, das es fürs beste hält.

In der Spitzengastronomie werden Sie selten geschliffene Gläser sehen. Es hat sich weitgehend die Auffassung durchgesetzt, daß keine Nebeneffekte vom Wein selbst ablenken sollen. An der Mosel und am Rhein aber bleibt man vielfach der Tradition treu, was beispielsweise den international renommierten Weinautor Hugh Johnson freut: „Es ist nicht zu übersehen, daß das an der Mosel übliche Trierer Glas in dem blaßgrünen Wein funkelnde Lichtreflexe entstehen läßt und ihm so Brillanz verleiht. Auch scheint mir nichts Ungehöriges dabeizusein, wenn man durch eingeschliffene Weintrauben hindurch seinen Riesling betrachtet."

TAFELSCHMUCK UND TAFELMUSIK

Zur festlichen Tafel gehören seit altersher auch Tischdekorationen und heimeliges Kerzenlicht. Die Dekoration beschränkt sich heute fast überall auf Blumenschmuck, der nicht zu üppig ausfallen darf, damit der Duft nicht das Bukett der Weine beeinträchtigt. Statt der Blumen dienen in manchen Restaurants auch ansehnlich präsentierte Früchte, Kräuter oder Gemüse, die gerade Saison haben, als Tischdekoration.

Nicht nur der Tafelschmuck wurde aus höfischer Zeit übernommen, sondern auch die Tafelmusik. Sie wird allerdings nur noch selten und dann fast immer in Folklorelokalen live geboten. Und wie einst bei Hofe, wo der Herrscher das spielen ließ, was er gern hörte, ist auch heute im Restaurant die Musik nicht nach jedermanns Geschmack, sondern die Wahl des Hausherrn. Dessen Ohrenschmaus ist aber zumindest zu zwei Zeitpunkten ganz angenehm. Die Musik läßt sich, bevor sich das Restaurant gefüllt hat und wenn es sich zu leeren beginnt, etwas lauter stellen, um die Stille zu übertönen und an den wenigen besetzten Tischen nicht das unbehagliche Gefühl aufkommen zu lassen, jedes Wort würde im ganzen Raum mitgehört.

MUSIK SCHÜTZT AUCH VOR MITHÖRERN.

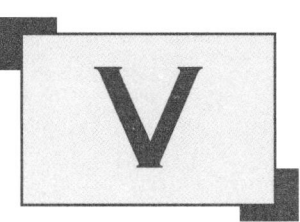

VERFÜHRT UND INFORMIERT: DIE SPEISEKARTE

Vier Empfehlungen, aus
den vielen Gerichten der Karte
die richtigen zu wählen

DIE SCHÖNE QUAL DER WAHL

Die Speisekarte bekommen Sie im Restaurant aus zwei Gründen. Zum einen möchte Ihnen das Restaurant zeigen, was die Küche zu bieten hat. Zum anderen ist sie genauso gesetzliche Vorschrift wie die Preisauszeichnungspflicht im Lebensmittelgeschäft. Die Speisekarte kann die Freude, mit der sich der Gast zu Tisch setzt, steigern oder senken. Zumindest im Unterbewußtsein weiß der Gast sogleich, was ihn erwartet.

Dabei interessieren ihn die gesetzlichen Vorschriften noch am wenigsten: die Angabe der Endpreise mit dem Hinweis, daß Bedienungsgeld und Mehrwertsteuer darin enthalten sind, und die Auflistung der eventuellen Fremdstoffe in den Gerichten. Der Gast schließt vielmehr aus der Gestaltung und der Wortwahl, ob er sich gut aufgehoben fühlen kann, ob er beeindruckt werden soll oder ob er bloß abgefertigt wird.

Je umfangreicher die Karte ist, desto größer werden die Tiefkühltruhe und die Zahl der vorgefertigten Gerichte sein. Denn kaum jemand kann alle Produkte für 100 verschiedene Gerichte frisch vorrätig halten. Über ein zu großes Angebot machte sich einmal der Komponist und Feinschmecker Rossini in einem Mailänder Lokal lustig. Er warf einen kurzen Blick auf die ellenlange Karte und reichte sie dem Oberkellner mit der Bemerkung zurück: „In Ordnung!"

KLARHEIT AUF DER KARTE

Damit es wirklich in Ordnung ist, wird ein kleines Speiselokal auf die rasche Information des Gastes Wert legen und ein Feinschmeckerlokal achtgeben, daß seine Karte auf die sinnlichen Freuden einstimmt, derentwegen der Gast kommt. In jedem Fall sollte sie dem Gast unmißverständlich klarmachen,

Restaurant Chambard

M et Mme Pierre Irmann

Est. 1911, Paris

PARIS
5, rue Daunou
MÜNCHEN
Falkenturmstraße 9
GENF
Confédération Centre
BERLIN
Grand Hotel Esplanade
MS EUROPA
At Sea
HAMBURG
Bleichenhof, Große Bleichen 35/Bleichenbrücke 9
Phone 040/350 84 28

EUROPE'S OLDEST COCKTAIL BAR

Restaurant
Schwarzwald Stube

Navio Wohlfahrt

Traube-Tonbach

jedem Fall sollte sie dem Gast unmißverständlich klarmachen, was ihm auf seinem Teller serviert wird.

Bei der Gestaltung herrscht volle künstlerische Freiheit, deshalb bekommen Sie auch in jedem Restaurant eine andere Karte: in Leder gebunden oder mit Büroklammer geheftet, groß- oder kleinformatig, vom Computer ausgedruckt oder handgeschrieben, mit oder ohne Illustration, knapp oder ausführlich gehalten, liebevoll hausgemacht oder professionell designed. Wie auch immer: Jede Karte läßt darauf schließen, welchen Stil die Küche pflegt, als was sich das Haus versteht, wieviel Wert es auf sein Erscheinungsbild legt, wie sorgsam es mit allem umgeht und wie ernst es den Gast nimmt.

Die an und für sich schöne Sitte der handgeschriebenen Karte ist etwa Mitte der 70er Jahre in Deutschland in Mode gekommen, als die Nouvelle cuisine aus Frankreich auch hierzulande Furore und die Köche bekannt machte. Viele fanden Handgeschriebenes persönlicher als Gedrucktes. Um 1990 verschwanden diese Karten weitgehend. Man sah ein, daß nur eine schöne Handschrift etwas hermachte und die sehenswerte Karte (zu)viel Zeitaufwand vom schreibenden Koch oder dessen Frau erforderte.

Im Idealfall sind die einzelnen Gerichte so formuliert, daß der Gast keinerlei Rückfragen beim Service stellen muß. Besonders sinnvoll ist, das ganze Angebot der Küche auf einer Doppelseite zu plazieren. Dann muß der Gast nicht hin- und herblättern, wenn er seine Auswahl trifft.

DIE REIHENFOLGE

Für die inhaltliche Ordnung der Speisekarten gibt es seit deren Aufkommen keine einheitliche Norm. Die italienische Gastronomie übernahm von der chinesischen nicht nur die Spaghetti, die angeblich Marco Polo importierte, sondern auch die Einteilung der Speisekarte. Sie ist im Reich der Mitte nach den kulinarischen Grundsubstanzen gegliedert: nach Schweinefleisch, Fisch, Geflügel und Suppen. Die Italiener bauten ihre Karten nach der gängigen Speisenfolge auf und unterschieden nach Fleisch- und Fischarten. Im k. und k.

Österreich teilte man die Karte in fertige und frisch zuzube-
reitende Speisen auf.

Die Franzosen verfaßten ihre ersten Karten nach der Speisenfolge, wie's schon die alten Römer praktizierten. Die Deutschen übernahmen das französische System – zuweilen bis
heute auch gleich mit der Sprache. Wenn Karten hierzulande
die Gerichte in Französisch und Deutsch aufführen, dann
meist nicht aus Höflichkeit gegenüber vielen Gästen aus dem
Nachbarland, sondern aus innerer Verbundenheit mit dem
Mutterland der Großen Küche und vielleicht auch noch zum
Nutzen der internationalen Gäste, die eher Küchenfranzösisch
als Deutsch verstehen.

Im Normalfall kündigt die deutsche Karte heutzutage von
links oben nach rechts unten die Gerichte in der klassischen
Reihenfolge eines Essens an: kalte und warme Vorspeisen,
Suppen, Fisch- und Fleischgerichte, Desserts. Wer daraus
auswählt, bestellt im gastronomischen Sprachgebrauch „à la
carte". Zusätzlich können auf der Karte Menüs angeboten
werden, die der Koch täglich, wöchentlich, vierzehntägig,
monatlich oder saisonal wechselt.

KARTEN-VARIATIONEN

Manche Köche gestalten ihre Karte auch anders. Sie schreiben
beispielsweise auf die linke Seite ihre aktuellen und auf die
rechte ihre Standardgerichte, andere stellen links ihre Menüs
und rechts ihre einzelnen Gerichte vor. In vielen Restaurants
werden die Menüs auf Extrablättern in die Karte eingelegt.
Das Menü ist sozusagen die berufliche Visitenkarte des Kochs.
Er wählt dazu die Produkte aus, die gerade besonders gut
sind, und komponiert daraus die Gerichte, die seinen persönlichen Stil zeigen und dem vorherrschenden Geschmack seiner
Gästestruktur entsprechen.

Die klassische Reihenfolge eines Essens ist immer nur ein Vor-
schlag, der Ihnen gemacht wird, nie ein Zwang. Wenn Ihnen
statt dessen drei Vorspeisen und zwei Desserts viel besser
schmecken würden, dann bestellen Sie die seelenruhig mit
ein paar freundlichen, erklärenden Worten. Und sollte jemand

„Schober-Landgasthof"

Cuisine „Schweizer Stuben"

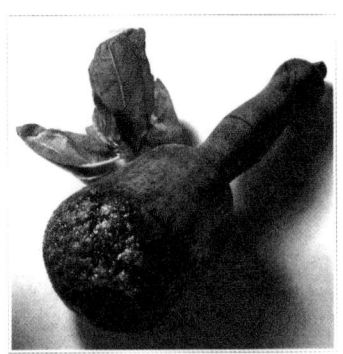

Taverna
La Vigna

deswegen irritiert gucken, so dauert das nur Sekunden – ein Menü, das Ihnen keine Freude macht, würde zwei Stunden oder länger dauern. Seien Sie sicher: Jeder Gast ist und bleibt willkommen, dessen Sonderwünsche sich im Rahmen des Restaurants halten. Wer freilich nur Extrawürste gebraten haben will, auf die das Restaurant nicht eingerichtet sein kann, sollte besser zuhause bleiben oder sich zumindest vorher reiflicher überlegen, wonach ihm der Sinn steht.

Manchmal gibt der Ober noch zusätzliche mündliche Empfehlungen. Dann sind nach Erstellen der Karte entweder noch Produkte geliefert worden, die den Koch inspirierten, oder dem ist noch etwas eingefallen, was er gern kochen würde.

ABSOLUT OUT: DIE DAMENKARTE

In manchen Restaurants existieren heute noch die früher üblichen sogenannten Damenkarten. Auf ihnen stehen keine Preisangaben, weil früher nur Herren die Gastgeber und Rechnungszahler waren und man als Kavalier die Damen nicht mit Kosten behelligte. Wir finden diese Karten im Zeitalter der Emanzipation grundsätzlich überholt, nicht nur, weil Frauen heute ganz selbstverständlich Gastgeberin eines Essens im Restaurant sein können. Wir meinen, daß Karten ohne Preise nur noch auf ausdrückliches Verlangen der Gäste gereicht werden sollten. Gelegentlich werden sie von einem Gastgeber für all seine Gäste am Tisch erbeten.

DAS ÜBERRASCHUNGSMENÜ

Feinschmecker nehmen bei Köchen, die sie schätzen, auch gern ein Menu dégustation oder Menu surprise. Bei solchen

Probier- oder Überraschungsmenüs weiß der Gast nicht, was ihm dann serviert wird – er will sich bewußt von der Kunst und Kreativität des Kochs überraschen lassen. Selbstverständlich wird der Koch vorher fragen, was der Gast nicht gern ißt. Unterbleibt die Frage, kann man es von sich aus ungeniert sagen, daß man keine Innereien, Austern oder Hahnenkämme mag. Genauso selbstverständlich kann man nach dem Preis für das Menü und den Wein fragen, den der Koch dann sinnvollerweise selbst auswählt, oder darüber reden, daß man zu einer bestimmten Zeit aufbrechen muß.

Zwar kann der Koch beim Überraschungsmenü seiner Phantasie freien Lauf lassen, dennoch gibt es ein paar klassische Regeln, die ihm wie bei jedem normalen Menü Grenzen setzen. Die traditionelle Speisefolge eines Menüs bietet kalte und warme Vorspeise, Suppe, Fischgang, Fleischgang, Käse, Dessert. Dabei sollen sich Farbe, Form, Grundprodukte und Zubereitungsart nicht wiederholen. Es dürfen folglich beispielsweise nicht zweimal dunkle Saucen, Keulen von Wachteln und Hasen, Kirschen zum Wild und zum Dessert, gratinierte Scampi und Kartoffelgratin vorkommen.

IM MENÜ SOLL SICH NICHTS WIEDERHOLEN.

Besondere Sorgfalt erfordert die Wahl der Gewürze. Pfeffer, Knoblauch oder Ingwer schmecken lange nach. Wechseln sich milde und scharfe Gerichte ab, mindert das den Weingenuß.

Mittags und abends, im Sommer und im Winter muß auf die unterschiedlichen Eßgewohnheiten gebührende Rücksicht genommen werden und stets dürfen nicht zu viele stärker belastende Produkte im Menü sein, wie Hummer, Gänseleber, Käse.

Oft wird zwischen Fisch- und Fleischgang oder zwischen Käse und Dessert ein Sorbet zum Neutralisieren des Geschmacks angeboten, manche Köche reichen auch – weil das Sorbet bei Weinnasen sehr umstritten oder den Köchen selbst zu langweilig ist – eine kalte oder warme Suppe.

Wonach schmeckt die Dubarry?

Auf dem Tisch ist die Gräfin Dubarry eine Blumenkohlsuppe

Gerichte, die berühmten Persönlichkeiten gewidmet sind

Birne Helene: halbierte Birne auf Vanilleeis, mit warmer Schokoladensauce überzogen. Nach der griechischen Prinzessin Helena benannt, die als „schöne Helena" von Paris entführt wurde.

Bismarckhering: ohne Kopf, oft auch ohne Haut marinierter Hering. Bismarck war erster deutscher Reichskanzler (1815–1891).

Châteaubriand: großes Rinderlendenstück, wie ein Steak für mindestens zwei Personen zubereitet. Châteaubriand war französischer Schriftsteller und Staatsmann (1768–1848).

Consommé Colbert: mit pochiertem Ei. Colbert war französischer Staatsmann, u. a. Marine-Minister (1619–1683).

Crème Dubarry: gebundene Blumenkohlsuppe. Die französische Gräfin du Barry war Geliebte des Königs Ludwig XV. und wurde während der Revolution enthauptet (1743–1793).

Crêpe Parmentier: dünne kleine Kartoffelpfannkuchen. Antoine Augustin Parmentier, Apotheker und späterer Generalinspekteur des Medizinalwesens in Frankreich, hatte bei Hannover die Kartoffel als Grundnahrungsmittel kennengelernt und ab 1787 in Frankreich popularisiert (1737–1814).

Crêpes Suzette: karamelisiert, mit Grand-Marnier sowie Orangen- und Zitronensaft aromatisiert und mit Cognac flambiert. Ende letzten Jahrhunderts in Paris entweder nach einer Schauspielerin der Comédie Française oder nach einer Sängerin benannt, die eine Liaison mit dem englischen Kronprinzen hatte.

Entrecôte Mirabeau: gegrillt, mit Sardellenstreifen, Sardellenbutter und entkernten Oliven. Mirabeau war Präsident der französischen Nationalversammlung (1749–1791).

Erdbeeren Romanow: in Portwein oder in Orangenlikör eingelegt und mit Schlagsahne serviert. Am Hofe der letzten russischen Zaren beliebt, die aus dem Hause Romanow stammten.

Fasan Suwarow: nach dem Braten mit Gänseleber und Trüffeln in Madeira überbacken. Suwarow war russischer Generalfeldmarschall (1729–1800), erfolgreich gegen Türken und Franzosen.

Filet Richelieu: mit gefüllten Champignonköpfen, geschmortem Kopfsalat, Tomaten und Schloßkartoffeln. Richelieu war französischer Kardinal und Staatsmann, unter König Ludwig XIII. Regierungschef (1585–1642).

Filet Wellington: mit Pilz/Leber-Farce gefüllt und in Blätterteig serviert. Wellington war englischer Staatsmann und Feldherr, u. a. Sieger bei Waterloo (1769–1852).

Fürst Pückler Eis: ursprünglich dreischichtige und dreifarbige Eisbombe mit Maraschino, Makronen und Schlagsahne. Hermann Fürst von Pückler-Muskau war Gartenarchitekt, Reise-Schriftsteller und bekannter Feinschmecker (1785–1871).

Gulasch Stroganow: in Butter gebratene kleine Rinderfiletwürfel mit gehackten Zwiebeln, Gurken, Bratkartoffeln, konzentrierter Tomatensauce und Sahne. Die Stroganows waren ein russisches Adelsgeschlecht.

Kaiserschmarrn: mit Zucker in Butter gebratener dicker Rosinenpfannkuchen, der in Stücke gezupft und mit Apfelkompott serviert wird. Lieblingsdessert des österreichischen Kaisers Franz Joseph I. (1830–1916).

Kalbsschnitzel Brillat-Savarin: flambiert mit Cognac und serviert mit Sahne/Champignon-Sauce. Brillat-Savarin war Richter am höchsten französischen Gericht und Feinschmecker Autor des Standardwerks „Physiologie des Geschmacks" (1725–1826).

Oeufs Meyerbeer: Spiegeleier mit gebratenen Lammnierenscheiben und Trüffelsauce. Der Berliner Giacomo Meyerbeer war Opernkomponist (1791–1864).

Pfirsich Melba: in Zucker- und Vanillewasser pochiert, mit Kirschwasser aromatisiert, mit Himbeermark überzogen und mit Vanilleeis serviert. Nellie Melba war australische Opernsängerin und auch in Frankreich sehr erfolgreich (1865–1931).

Rostbraten Esterhazy: Rostbeaf mit Zwiebeln, Sahne und Paprika. Nikolaus Esterhazy war ein österreichischer Fürst und Feldherr (1714–1790).

Sauce Cumberland: aus Johannisbeergelee, Senf und dünnen Streifen von Orangen- und Zitronenschale. Benannt nach dem englischen Herzogshaus Cumberland.

Sauce Mornay: Béchamelsauce mit geriebenem Käse. Mornay war französischer Staatsmann und Schriftsteller (1549–1623).

Schnitzel Holstein: mit Ei, Räucherlachs, Kaviar, Hummerscheiben, Ölsardine, Kapern, grünen Bohnen und geröstetem Weißbrot. Geheimrat Friedrich von Holstein war zur Regierungszeit Bismarcks „graue Eminenz" im Auswärtigen Amt; aus Zeitgründen ließ er sich in seinem Stammlokal meist Vorspeise und Hauptgang auf einem Teller servieren.

Seezunge Colbert: mit Kräuterfüllung gebacken. Colbert war französischer Staatsmann, u. a. Marine-Minister (1619–1683).

Seezunge Walewska: pochierte Seezunge, die im Ofen mit Hummerscheiben, Trüffeln, Sauce Mornay und Langustenbutter glasiert wird. Die polnische Gräfin Maria Walewska war eine Geliebte Napoleons.

Soufflé Rothschild: mit kandierten Früchten, Vanilleeis, Likör und Erdbeeren. Nach dem Pariser Zweig der aus Frankfurt stammenden Bankiers benannt.

Tournedos Rossini: fünf Zentimeter hohes zartes Rinderfilet, mit Gänseleber und Trüffeln belegt und mit Madeirasauce überzogen. Giachino Rossini war italienischer Opernkomponist und großer Gourmet (1792–1868).

Wachteln à la Suwarow: geschmort, mit Gänseleber und Trüffeln. Suwarow war russischer Generalfeldmarschall (1729–1800), erfolgreich gegen Türken und Franzosen.

Die französisch geprägten Speisekarten setzen oft Fach- und Sprachkenntnisse voraus, die nicht jeder Gast haben kann. Wo soll er gelernt haben, was ein Filet Wellington, eine Crème Dubarry oder ein Tournedos Rossini, ein Steinbutt Richelieu, eine Crêpe Parmentier oder ein Pfirsich Melba ist? Schon der Vegetarier Hitler regte sich öffentlich über fremdsprachliche

Unser Mittagsmenü

Zum Anfangen:
A kloans Magendratzerl

*

Gemüse-Ganserllebersülze
mit winterlichen Salaten, dazu Schnittlauchsoße

*

Kartoffelgangerl
mit Trüffelg'schmackerl

*

Chiemseerenke, in der Haut gebraten,
auf Rahmspinat

oder

Lammgröstl mit Bohnengemüse,
Rotweinschalotten und Bratkartoffeln

*

Käseteller:
Käslaiberl, Käsekuchen
und a Stückerl hiesiger Bergalmkäse

*

Geeistes vom Kaffee

*

Zum süßen Ende:
Traubentarte mit Lebkucheneis
auf Mandel-Rumsahne

Unser Menüpreis: DM 103,--
ohne Käse: DM 89,--

Begriffe auf deutschen Speisekarten auf und meinte, die Wirte machten sich ein Vergnügen daraus, besonders unverständliche Ausdrücke zu verwenden, um die Gäste zu verwirren. Er irrte: Die Gründe lagen vielmehr darin, daß die Gastronomie wie auch jede andere Branche am liebsten mit ihrem Fachvokabular arbeitet und daß diese Ausdrücke international üblich sind.

FRANZÖSISCH IST DIE GLOBALE KÜCHENSPRACHE.

So wie sich die Ärzte untereinander und weltweit mit lateinischen Begriffen verständigen, so entwickelte sich das Französische zur globalen Küchensprache. Die großen Köche der Grande nation prägten die Begriffswelt, die französischen Gastrosophen die kulinarische Denkwelt. Der Deutsche Carl Friedrich von Rumohr veröffentlichte 1822 mit seinem „Geist der Kochkunst" ein Buch, das alle Voraussetzungen für das Standardwerk in der Welt der Gourmandise erfüllte, doch das vier Jahre später erschienene, alles in allem gleichwertige Œuvre des Franzosen Jean-Anthelme Brillat-Savarin, „Physiologie du goût" („Physiologie des Geschmacks"), wurde *das* Buch der Bücher aller Feinschmecker. Und jeder begabte, ehrgeizige junge Koch zwischen Tübingen und Tokio setzt sich zum Ziel, an einem Herd in Frankreich die höheren Weihen der Kochkunst zu bekommen. Schon daher wird sich für Saucen wohl nie das grobschlächtig-deutsche Wort Tunke durchsetzen.

FRAGEN SIE UNGENIERT

Auch rein deutsche Bezeichnungen auf den Speisekarten sind nicht jedermann verständlich. Zwar kann man sich unter dem Bauernomelett und Jägerschnitzel etwas Konkretes vorstellen, aber wie die Müllerinnen ihre Forellen bereiteten oder die Diplomaten ihren Pudding liebten, wie die Kalbsleber „Berliner Art" oder der Fasan „Weinhändler Art" daherkommen, gehört nun mal nicht zum Allgemeinwissen. Dazu zählen auch nicht die vielen Gerichte, die nach berühmten Künstlern, Feldherren oder Staatsmännern benannt worden sind, um ihnen als Gast zu schmeicheln oder sie als Feinschmecker zu ehren. Deren Namen stehen seither für ganz bestimmte, weltweit gleiche Zubereitungen. Statt Steinbutt Richelieu könnte die Karte auch annoncieren: Pochierter Steinbutt, garniert mit Hummer, serviert mit Salzkartoffeln und Sauce aus Champignons, Trüffeln, gehacktem Hummerfleisch und Krebsbutter. Das würde dann jeder verstehen, aber es wäre auch sehr lang.

Es ist überhaupt nicht peinlich, sich vom Service erläutern zu lassen, was für ein Gericht oder welche Zubereitung sich hinter einer Bezeichnung verbirgt, die dem Fachmann alles, dem normalen Gast nichts sagt.

AM ENDE FÄHRT DER WAGEN VOR

Nach dem Hauptgang wird in guten Restaurants gefragt, ob der Gast etwas Käse wünsche. Bejaht er, werden zunächst Messer und Gabel sowie ein Brotteller eingedeckt. In Spitzenrestaurants wird dann ein Käsewagen an den Tisch gerollt oder ein großes Tablett herbeigetragen, auf dem verschiedene Käse liegen, aus Kuh-, Ziegen- oder Schafsmilch, harte bis crèmige, sanfte bis scharfe, unterschiedlichen Alters und Reifegrads.

DUFTER TYP IN ALLEN VARIATIONEN: KÄSE

Es gibt allein in unseren Breitengraden mehr als 1001 verschiedene Käse unterschiedlichster Mach- und Geschmacksart.

Zunächst kann man zwischen Käse aus Rohmilch und aus pasteurisierter Milch unterscheiden. Die aus roher, naturbelassener Milch, die bei der Käseerzeugung nicht über 38° warm wird, schmecken im Prinzip besser, weil für dieses traditionelle Verfahren zumeist Milch von Tieren genommen wird, die aromatisches Futter aus freier Natur gefressen haben. Am gesamten Käsekonsum in Deutschland haben die Rohmilchkäse nur einen Anteil von etwa 5% (in Frankreich ist er dreimal höher).

Fachleute teilen die Käsevielfalt, die zu etwa einem Zehntel noch in traditioneller Art und zu 90% industriell bereitet wird, in acht Gruppen ein:

Gepreßte nicht nachgewärmte Käse (Schnittkäse)
Edamer aus Holland
Gouda aus Holland
Pecorino aus Italien
Reblochon aus Savoyen
Allgäuer Bergkäse
Beaufort aus Frankreich
Cheddar aus England
Comté aus Frankreich
Manchego aus Spanien
Saanenkäse aus der Schweiz
Schweizer Alpkäse
Tiroler Bergbauernkäse

Gepreßte nachgewärmte Käse
Allgäuer Emmentaler
Greyerzer oder Gruyère aus der Schweiz
Morbier aus dem französischen Jura
Parmesan aus Italien
Schweizer Emmentaler

Käse mit Edelschimmel
Brie de Meaux aus Frankreich
Brie de Melun aus Frankreich
Brillat-Savarin aus Frankreich
Camembert aus der Normandie
Chaource aus Frankreich
Coulommiers aus Frankreich
Deutscher Camembert
Fougeru aus Frankreich
Géramont aus Frankreich
Neufchâtel aus Frankreich
Suprême aus Frankreich

Käse mit gewaschener Rinde (Rotschmierkäse)
Chaumes aus Frankreich
Époisses de Bourgogne aus Frankreich
Langres aus Frankreich
Limburger aus Deutschland
Livarot aus Frankreich
Maroilles aus Frankreich
Munster-Géromé aus dem Elsaß
Pont L'Évêque aus Frankreich
Reblochon de Savoie aus Frankreich
Remoudou aus Frankreich
Romadur aus Deutschland
Taleggio aus der Provinz Bergamo

Käse mit natürlicher Rinde
Chabichou du Poitou aus Frankreich
Chavignol aus Frankreich
Saint-Maure de Touraine aus Frankreich

Blauschimmelkäse
Bleu d'Auvergne aus Frankreich
Fourme d'Ambert aus Frankreich
Gorgonzola aus Italien
Roquefort aus Frankreich
Saint Agur aus Frankreich
Stilton aus England

Frischkäse
Feta aus Griechenland
Hüttenkäse
Mascarpone aus Italien
Ricotta aus Italien
Speisequark
Schichtkäse

Schmelzkäse
Dauerhaft haltbar gemachter Käse (meist in kleinen Dreiecken
verpackt, auch in Scheiben für Fast food)

Bekannt sind außerdem noch zwei Sonderlinge der Käseherstellung:

Gebrühte Käse (aus Italien)
Mozzarella,
Mozzarella di bufola
Provolone

Sauermilchkäse
Harzer Käse
Olmützer Quargel
Tiroler Graukäse

Es gibt allein aus Frankreich mindestens 800 Käsesorten, zu denen in deutschen Restaurants noch die Produkte aus der Schweiz, Italien und aus unseren Regionen kommen. Es erwartet niemand, daß der Gast sie alle kennt. Deswegen wird der Käse in jedem gehobenen Restaurant von einem Service-Mitglied präsentiert, das sich gut auskennt. Wenn Sie keine bestimmten Vorlieben haben, dann lassen Sie sich die Käse empfehlen, die gerade ihren optimalen Reifegrad haben, und fragen Sie ungeniert nach dem Geschmack eines Käses, der Ihnen optisch gefällt.

WIE KÄSE IN MODE KAM

Viele Köche sind dazu übergegangen, in ihrem Menü oder auch sonst auf der Karte einen oder mehrere Käse in einer phantasievollen Zubereitung anzubieten, zum Beispiel überbacken, mit Fruchtkompott, im Speckmantel oder mit warmen Kartöffelchen. Das kann zwei Gründe haben. Entweder wollen die Köche zeigen, daß ihre Phantasie sie auch beim Thema Käse nicht im Stich läßt. Oder sie finden eine große Käseauswahl unangemessen aufwendig, weil davon sehr viel weggeworfen werden muß, da nicht jeder Gast wie der berühmte französische Feinschmecker Brillat-Savarin denkt: „Eine Mahlzeit ohne Käse ist wie eine schöne Frau ohne Augen."

„EINE MAHLZEIT OHNE KÄSE IST WIE EINE SCHÖNE FRAU OHNE AUGEN.

Die vielfältigen Käse haben zwar schon seit Jahrhunderten ihre Liebhaber – Karl der Große bevorzugte beispielsweise Brie und Roquefort –, aber in Restaurants wurde er erst nach dem Ersten Weltkrieg üblich. Die Franzosen hatten sich wegen der

mangelnden Versorgung mit dem Gewohnten in den Kriegs-
jahren angewöhnt, täglich Käse zu essen, um satt zu werden.
Die Deutschen dachten ähnlich: Käse schließt den Magen.
Seit dieser Zeit entwickelte sich aus dem bäuerlichen Produkt
eine feine Käsekultur. Zu den vielen seither produzierten
neuen Erfolgskäsen gehört auch der cremige „Brillat-Savarin"
aus Kuhmilch mit 55 Prozent Fettanteil. Diese Fettangabe,
nach alter Tradition auf die Trockenmasse bezogen, ist irre-
führend: In Wahrheit hat Käse nur ungefähr die Hälfte des
angegebenen Fetts.

Nur noch selten fährt in deutschen Spitzenrestaurants im Gegensatz zu Frankreich nach dem Käse- auch noch ein Dessert-
wagen vor. Denn im Zeitalter der schlanken Linie haben allzu-
viele Gäste Angst, von Kalorien überrollt zu werden. Wenn er
aber noch kommt, dann geht den Liebhabern süßer Sünden
das Herz auf: Kuchen und Torten, Sorbets und Sahniges,
Früchte pur und mariniert auf drei Etagen. Zu einem Pau-
schalpreis können Sie à discrétion wählen, soviel Sie mögen.

VI

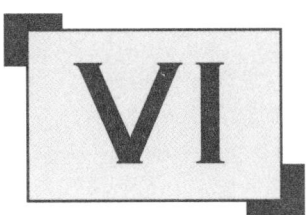

Auf Ihr Wohl: Die Weinkarte

**Damit Ihnen die Trauben
nie zu hoch hängen:
Ein siebenfaches Prosit**

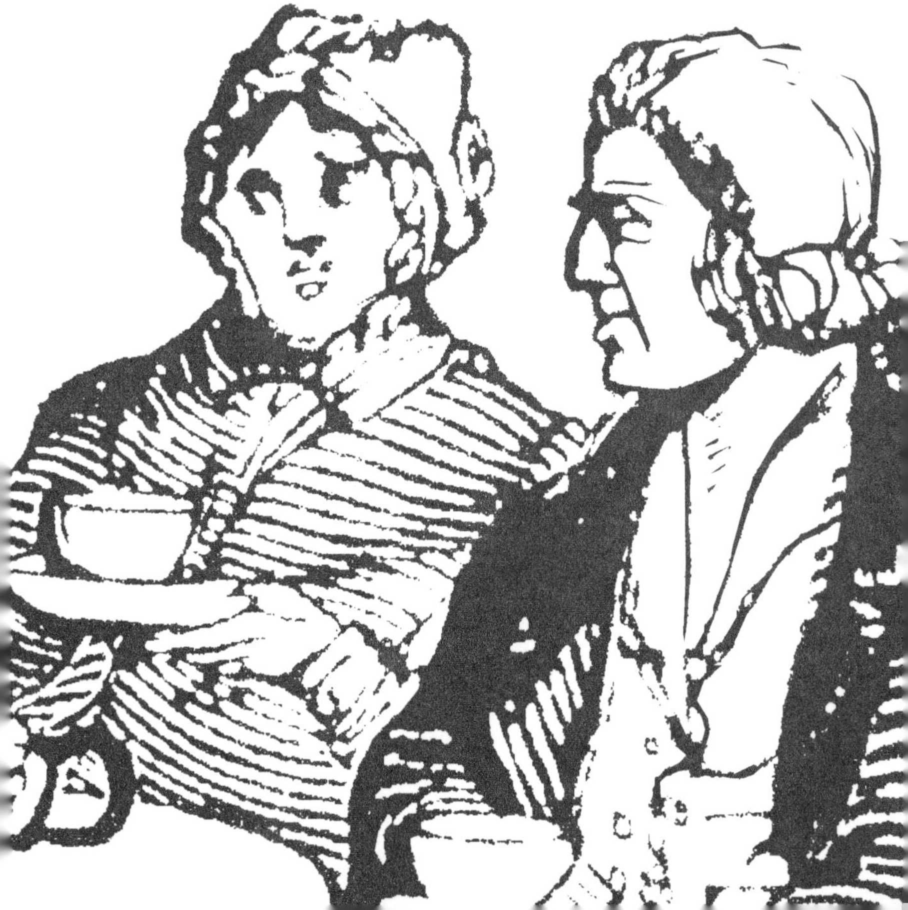

Es fängt billig an und hört teuer auf

Auch die Weinkarten gibt es in so unterschiedlichen Gestaltungsformen wie Speisekarten. Sie können in dickem Leder an ein Familienfotoalbum erinnern, vom Computer in feiner Schrift ausgedruckt und in edlem Büttenpapierumschlag zusammengefügt sein, mit einer Kordel versehen wie eine Urkundensammlung wirken, aus maschinengeschriebenen und zusammengehefteten Din-A-4-Seiten bestehen ...

Ihr Umfang richtet sich nach der Größe des Kellers, der in einem traditionsreichen Luxusrestaurant wohlgefüllter ist als bei einem jungen Koch, der sich gerade selbständig gemacht hat. Bis auf die Italiener, die sich grundsätzlich auf die Weine ihres Heimatlands beschränken, bemüht sich jedes bessere Restaurant in Deutschland, in seinem Weinangebot möglichst international sein. Selbst in den deutschen Rebländern, wie Baden, Mosel oder Rheingau, folgen die Deutschen nicht dem unangefochtenen französischen System, die Weißweine aus der Region anzubieten und Rotweine aus Bordeaux und Burgund zu führen. So heimatbewußt halten es auch die Restaurants in unseren anderen Wein-Nachbarländern. Bei uns hingegen werden die Weinkarten durch Italiener und Kalifornier, Spanier und Südafrikaner, Australier und Österreicher immer dicker – die probierfreudigen Gäste sollte es freuen.

Zumeist sind die Weinkarten nach diesem Schema gegliedert: Weiße, Rote, Dessertweine; ganz vorn oder ganz hinten werden die offen ausgeschenkten Weine und die Champagner aufgeführt. Stehen die Digestifs (Spirituosen) nicht auf einer Extrakarte, finden sie sich am Ende der Weinkarte.

Innerhalb der einzelnen Kategorien wird mit dem billigsten Wein begonnen und mit dem teuersten aufgehört. Die Karte sollte stets nicht nur den Namen und den Preis des Weins, sondern auch den Winzer und den Jahrgang nennen.

In luxuriösen Restaurants, die Hunderte von Weinen anbieten, sind die Weißen und die Roten auf der Karte jeweils nach den Herkunftsgebieten (Regionen) geordnet und nach Jahrgängen aufgeführt. Manchmal werden die Weiß- und Rotweine nicht getrennt, sondern gemeinsam unter ihrer Region aufgeführt; dann sind die Roten rot und die Weißen schwarz gedruckt.

DIE VORTEILE OFFENER WEINE

Eine erfreuliche Entwicklung auf deutschen Weinkarten nehmen die „offenen Weine". In den Lokalen der Weinbaugebiete gab es die Weißen und Roten, die der Gast nicht flaschenweise bestellt, sondern als Schoppen oder Viertele, schon immer. In den übrigen Gegenden kamen sie mit der Automobilisierung der Deutschen und der damit verbundenen Angst vor Führerscheinverlust in Mode.

Sie sind aber auch kulinarisch sehr sinnvoll. Im Normalfall hält jedes Lokal ein Angebot an ein paar preiswerten Weißen und Roten bereit. Im Idealfall erlauben die offenen Weine dem Gast, zu jedem Gericht ein Glas gut bis optimal passenden Weins zu trinken. Das setzt natürlich entsprechenden Weinverstand beim Gastronomen voraus. Den wird er auch gern einsetzen, wenn es sich wirtschaftlich lohnt, also genügend Gäste das Angebot nutzen und abends nicht von allen Weinen, besonders den hochpreisigen, angebrochene Flaschen übrigbleiben. Zwar gibt es Methoden, solche Flaschen für die Aufbewahrung zu verschließen, aber sie funktionieren nicht lange und nicht bei jedem Wein.

MENÜS MIT PASSENDEM WEIN ZU JEDEM GANG.

Für den Gast wie den Gastronomen sinnvoll sind die vielerorts angebotenen Menüs mit den harmonierenden Weinen zu jedem Gang. Da kann man nicht nur im rechten Maß das Rechte genießen, sondern auch mal einen gänzlich unbekannten Wein probieren, ohne gleich eine Flasche nehmen zu müssen.

RATGEBER IN ALLEN
WEINFRAGEN: DER SOMMELIER

In allen guten Restaurants kann sich der Gast beim Wein ebenso beraten lassen wie beim Essen. In Häusern, die eine besondere Weinkultur pflegen, gibt es mindestens einen eigenen Weinberater, den Sommelier. Der Name ist vom altfranzösischen Wort somme = Amtspflicht abgeleitet; ursprünglich gab es die Sommeliers in Klöstern, wo sie für Geschirr, Tischwäsche, Brot und Wein verantwortlich waren.

Der Sommelier des Restaurants ist zumeist an seiner Schürze und dem silbernen Probierschälchen (Tastevin) erkennbar. Dies Silber ist kein Protz, sondern praktisch: Im dunklen Keller läßt es Farbe und Klarheit des probierten Weins im Gegensatz zum Glas gut erkennen. Auf die Schürze verzichten fast alle weiblichen Weinberater, die Sommelière heißen und in Deutschland bereits bis in die Spitzengastronomie aufgestiegen sind.

WEIN SOLL MIT DER SAUCE HARMONIEREN. Die Notwendigkeit der Weinberatung liegt schon deswegen nahe, weil die Lektüre einer Weinkarte mit 500, 800 oder gar 1400 Positionen für den Gast mehr als abendfüllend wäre.

Der Sommelier kommt an den Tisch, nachdem er die Menübestellung gelesen hat. Ein guter Sommelier wird zunächst nach den Vorlieben des Gastes beim Wein fragen und schnell merken, ob Festhalten an Gewohntem oder Lust auf Neues zu befriedigen ist. Daraufhin wird er seine Empfehlung geben, die auf die Zubereitung der Gerichte abgestimmt ist. Besondere Berücksichtigung finden dabei die Saucen, die im Idealfall mit dem Wein perfekt harmonieren. Es wird aber auch immer wieder vorkommen, daß ein zu mehreren Gängen getrunkener

Wein mal das Essen dominiert, also geschmacklich übertönt, mal dem Essen sozusagen unterlegen ist – auch ein Wein kann es nicht jedem Gang recht machen. Zu Salaten und zu Suppen tun sich Weine meist so schwer, daß sich Mineralwasser als Begleitgetränk empfiehlt, wenn man unbedingt etwas dazu trinken muß.

AUFSTEIGENDE REIHENFOLGE

Bei seinen Empfehlungen für Gäste, die mehr als nur eine Flasche trinken, hält sich der Sommelier an Grundregeln, die vom allgemeinen Geschmacksempfinden ausgehen: junger Wein vor älterem, leichter vor schwerem, herber vor lieblichem, weißer vor rotem. Diese Reihenfolge tut dem nachfolgenden Wein gut und steigert folglich den Genuß, den der Gast hat.

Wird der Gast dem Sommelier nicht von sich aus gleich seinen Preisrahmen nennen, sollte der Weinberater ein Gespür dafür haben, ob er den Gast ganz offen nach dessen Preisvorstellungen fragen kann oder ihm wegen der anderen Gäste am Tisch lieber dezent die Karte hinhält und auf die Preise der empfohlenen Weine zeigt.

Selbstverständlich wird der Sommelier seinen Rat nicht wie der Weisheit letzten Schluß verkünden und der Gast sich nicht gleichsam zu einem bestimmten Wein verurteilen lassen. Der Sommelier bleibt immer nur ein wohlmeinender Berater und der Gast Herr seiner Entschlüsse. Jeder gute Sommelier weiß, daß er nicht nur Verkäufer, sondern auch Gastgeber ist.

Es versteht sich, daß Sommeliers einen guten Umsatz machen wollen, aber nicht um jeden Preis und schon gar nicht um den Preis, dabei den Gast zu verdrießen. Im Gegenteil: Oft möchte der Sommelier dem Gast zu dessen Vorteil verhelfen. Wenn der Sommelier beispielsweise von dem berühmten Wein eines bestimmten Jahrgangs, über den der Gast viel Lobendes gelesen hat, abrät, dann tut er das nicht, um einen noch teureren loszuwerden. Sondern er weiß aus seinem ständigen Umgang mit den Kellerschätzen, daß sich dieser Wein, der ja ein Naturprodukt ist und sich folglich in der Flasche weiterentwickelt, gerade in einer Phase befindet, in der er sich nicht optimal präsentiert. Oder daß er zu der Art, wie der Koch das Gericht zubereitet, geschmacklich nicht so gut paßt wie ein anderer Wein.

ÜBERRASCHEND GUTE UNBEKANNTE

Die große Kunst des Sommeliers besteht überhaupt nicht darin, zum Kauf von „Granaten" zu animieren, wie Weinfreaks die ganz großen Weine nennen, sondern auf noch unbekannte Weine mit einem erfreulichen Preis/Leistungs-Verhältnis aufmerksam zu machen oder dem Gast die Überraschung zu bieten, daß auch ein ganz anderer als der gewohnte Weintyp sehr gut zum Essen passen kann.

Grundsätzlich gilt, daß jeder trinken sollte, was er möchte. Denn kein Wein schmeckt einem deswegen besser, weil Kenner ihn für die „richtige" Wahl halten. Und niemand hat einen schöneren Abend, wenn er sich darauf konzentriert, in den Augen der Fachleute alles richtig zu machen. In Frankreich, das ja immer als Vorbild für alles Kulinarische gilt, trifft man desöfteren auf Gäste, die während des ganzen Essens ihren weißen oder roten Lieblingswein trinken.

KOMMT EIN NEUER WEIN, DARF MAN DEN ALTEN WEITERTRINKEN.

Wird ein neuer Wein kredenzt, können Sie gern den alten Wein zu Ende trinken, müssen es aber nicht. Man darf auch den Wechsel auslassen und den bisherigen Wein bis zum Ende des Essens weitertrinken – alles ganz nach Gusto.

DER TREND ZUM TROCKENEN

Vor Jahren regelrecht in Mode gekommen sind „trockene" Weine. So bezeichneter Weiß- oder Schaumwein (französisch: sec, englisch: dry, italienisch: secco), schmeckt keineswegs immer herb. Das „trocken" bezieht sich auf die Zubereitung (den Ausbau) des Weins. Er darf in Deutschland maximal 9 Gramm vergärbaren Restzucker pro Liter Wein enthalten; zumeist haben trockene Weine 4 g. Bei Champagner dürfen es 17 bis 35 g sein; mit weniger Zucker heißen sie brut, ohne jeden Zucker ultra brut.

WAS BEIM PROBESCHLUCK ALLES ZU BEDENKEN IST

Wenn der Sommelier/Ober die bestellte Flasche bringt, wird er Sie Ihnen zuerst zeigen, damit Sie sich durch einen prüfenden Blick aufs Etikett überzeugen können, den richtigen Wein im erwünschten Jahrgang zu bekommen. Nach dem Öffnen der Flasche riecht der Sommelier kurz am Korken, ob der reintönig ist oder irgend etwas Unangenehmes signalisiert; im Zweifel nimmt der Sommelier einen kleinen Probeschluck. Meist wird Ihnen der Korken auf einem Tellerchen auf Ihren Tisch gestellt. Nicht weil das besonders hübsch aussieht, sondern aus Ehrpusseligkeit. Da kein Weingut auf seinen Flaschen einprägt, was drin ist, sollen Ihnen die in den Korken eingebrannten Angaben zusätzlich zum Etikett die Gewißheit geben, das Bestellte bekommen zu haben.

Ist der Wein nicht in Ordnung, wird eine neue Flasche probiert. Eine fehlerhafte Flasche gibt das Restaurant im Normalfall an den Lieferanten zurück, der sie ersetzt. Mit einer Ausnahme: Bei besonders alten Weinen, die schon Raritätenwert haben, trägt der Gast das Risiko. Darauf wird er entweder bereits in der Weinkarte oder bei der Bestellung vom Sommelier aufmerksam gemacht. Erfahrene Weinliebhaber kennen diese Modalität und akzeptieren sie anstandslos.

KORKEN UND MÄUSELN

Da Wein ein Produkt ist, das sehr von den Launen der Natur abhängt, muß bei ihm auch schon mal mit unangenehmen Überraschungen gerechnet werden. Er kann leider nach Kork schmecken, durch flüchtige Säuren einen essigstichigen Nachgeschmack bekommen oder durch Oxidation nach der Gärung stumpf und schal schmecken, er kann durch Schwefel-

wasserstoff faulig wirken („Böckser") oder durch Milchsäure-
bakterien eine Art Stallgeruch bekommen („mäuseln").

Es kam schon immer vor, daß ein Wein sogenannten Kork-
geschmack hat, weil Korkeichen von Pilzen befallen werden
können. Seit einigen Jahren ist häufiger als früher Korkge-
schmack oder ein Fehlton zu beklagen. Der Grund ist in Fach-
kreisen bekannt. Weil heutzutage nicht nur Weingüter und
Champagnerhäuser, sondern nahezu jeder Sekt-, Prosecco-
und sonstige Schaumweinhersteller seine Flaschen mit Natur-
korken verschließt, um sie dadurch teurer wirken zu lassen,
ist der weltweite Kork-Verbrauch rapide gestiegen. Da der Bedarf auf natürliche Weise nicht gedeckt werden kann (ein
Baum braucht 15 Jahre, bis erstmals Kork geschält werden
kann), wird sehr viel Kork recycelt und dadurch nicht besser.
Alle Versuche, Naturkork durch ein Kunstprodukt zu ersetzen,
scheiterten bislang. Es muß also leider noch mit einer Zunah-
me fehlerhafter Weinflaschen gerechnet werden.

Korkbrösel, die versehentlich im Wein schwimmen, beeinflussen den Geschmack nicht. Auch der wie weißer Grieß, Sand
oder Glaspartikel aussehende Weinstein (Kaliumbitartrat-
kristalle), der sich manchmal in der Flasche bildet und ins
Glas geraten kann, beeinträchtigt den Geschmack nicht.

Findet der Sommelier den bestellten Wein in Ordnung, wird er
demjenigen am Tisch, der die Flasche bestellt hat, soviel ein-
schenken, daß der Gast probieren und sagen kann, ob er zufrieden ist.

DEN ERSTEN
SCHLUCK
TRINKT MAN
GEMEINSAM.

Ist er es, wird zuerst den Damen, dann den Herren eingeschenkt und schließlich das Glas des Probierers aufgefüllt. Der
wird nun, da es in Weinländern üblich ist, den ersten Schluck
gemeinsam zu trinken, sein Glas erheben und mit einem
freundlichen Wort, zumindest einem „Prosit" oder „Zum Wohle", den Wein sozusagen zum Genuß freigeben. Die übrigen
am Tisch erheben gleichzeitig ihr Glas und prosten einander
zu. Dabei faßt man das Glas am Stiel an.

Wenn man sich zuprostet, gebietet es die Achtung vor dem anderen, sich dabei anzusehen. Wer auf traditionelle gute Formen wert legt, wird nach dem Trinken dem oder den anderen noch einmal freundlich zunicken und erst dann sein Glas abstellen.

MASSVOLL NACHSCHENKEN

Manche Gäste haben in Restaurants den Eindruck, daß die Kellner durch häufiges Nachschenken den Weinumsatz hochtreiben wollen. Das kann so sein, da es überall im Leben schwarze Schafe gibt. Doch die Regel ist anders: Zum Wohle des Gastes wird nur soviel eingeschenkt, daß dem Wein ausreichend Platz bleibt, sein Bukett zu entfalten, daß das Glas nicht unästhetisch voll wirkt und daß bei normaler Trinkgeschwindigkeit die Idealtemperatur des Weins gewahrt bleibt. Das erfordert einen sorgsamen Service, der stets im rechten Moment nachschenkt.

Sollte es der Service einmal übersehen, daß ein Glas leer ist, so gilt es selbst für emanzipierte Frauen als unschicklich, selbst zur Weinflasche zu greifen. Das sollte der Herr machen. Er schenkt auch nach, wenn ein Karaffenwein auf dem Tisch steht. Übersieht der Herr das leere Glas seiner weiblichen Begleitung, so macht sie ihn freundlich aufmerksam.

Bevor man während eines Essens trinkt, empfiehlt es sich, den Mund in der Serviette abzuwischen. Erstens sehen Lippenstift-, Fett- oder Speiseflecken am Glas nicht schön aus und zweitens beeinträchtigen sie den Geschmack des Weins.

TEMPERIEREN, DEKANTIEREN, VINIEREN

Für den rechten Weingenuß spielt auch die richtige Temperatur eine große Rolle. Grundsätzlich gilt: Je kräftiger und gehaltvoller der Wein ist, desto höher sollte die Temperatur sein, damit er seinen Duft in voller Schönheit abgeben kann. Da nicht alle Menschen gleich gut schmecken und riechen können, läßt sich auch keine verbindliche Einheitstemperatur für jeden Weintyp festlegen.

Als Richtwerte haben sich unter Weinkennern eingebürgert: 4 bis 6° für süße Weißweine, 6 bis 10° für trockene Weißweine, Rosés, Champagner und andere Schaumweine sowie Fino Sherry, 10 bis 14° für leichte Rotweine, Cream Sherry und Portwein, beste weiße Burgunder und beste deutsche trockene und liebliche Weine sowie große Chardonnays, 14 bis 18° für volle Rotweine und Jahrgangs-Portweine (feiner roter Bordeaux: 17-18°). Diese Rotweintemperaturen werden oft von Gästen als zu kühl empfunden, die gelernt haben, daß Rote nach alter französischer Sitte bei Zimmertemperatur (chambriert) getrunken werden – doch diese Regel stammt aus jener Zeit, als die Eß- und Wohnzimmer jenseits des Rheins nur 15 bis 16° warm waren.

ROTWEIN NICHT WÄRMER ALS 18° TRINKEN.

Findet man Weißwein zu warm, läßt der sich schnell in einem Kübel mit Eis und Wasser kühlen. Rotweintemperaturen zu verändern, ist heikel. Ihn im warmen Raum zu lagern oder gar neben die Heizung zu stellen, läßt ihn schnell „kippen", also geschmacklich schlechter werden. Relativ ungefährlich ist es, den Wein zu dekantieren und die Karaffe in lauwarmes Wasser (21°) zu stellen; man kann zusätzlich die Karaffe zuvor leicht anwärmen.

In Restaurants mit besonderer Weinpflege wird des öfteren „dekantiert": Der Wein wird aus der Flasche in eine Karaffe umgefüllt und daraus eingeschenkt. Dieses Dekantieren soll erstens vermeiden, daß ein eventuelles „Depot" ins Glas gerät. Das sind Ablagerungen, die sich bei der Reife des Weins in der Flasche bilden. Zweitens soll es dem Wein zur vollen Entfaltung seines Geschmacks mehr Luft geben, als er durch den schmalen Hals der geöffneten Flasche bekommt.

LUFT TUT GUT

Man weiß aus Untersuchungen des berühmten Arztes Louis Pasteur, daß Luft dem Wein gut tut. Bis heute ist aber nicht gründlich erforscht, wie das Belüften des Weins durch Dekantieren im einzelnen auf die verschiedenartigsten Weine wirkt. Es gibt nur Erfahrungswerte.

DEKAN-
TIEREN
NÜTZT
AUCH
JUNGEM
WEIN.

Allgemein verbreitet ist seit jeher, daß alte Weine mit viel Depot dekantiert werden müssen – wie lange vor dem Trinken, läßt sich freilich nicht verbindlich sagen, so daß immer wieder positive wie negative Überraschungen erlebt werden. Eine neuere Erkenntnis sind die Vorzüge des Dekantierens für junge Rot- und Weißweine. Deren Sauerstoff hat in der Flasche noch nicht viel zu bewirken vermocht und kann in der Karaffe zusammen mit der Umluft schnell erstaunliche Geschmacksverbesserungen auslösen.

Welcher Wein durch Dekantieren wieviel gewinnen kann, weiß nur einigermaßen gut, wer regelmäßige Erfahrungen macht. Wer sich durch private Erfahrungen mit seinen häuslichen Lieblingsweinen nicht firm in der Beurteilung fühlt, sollte deshalb dem Sommelier die Entscheidung überlassen, ob und wie lange vor dem Trinken dekantiert wird. Er hat ja durch seine vielen Proben nicht nur mehr Erfahrung als der gelegentliche Genießer, sondern kennt auch den aktuellen Entwicklungsstand des lagernden und dabei reifenden Weins im Zweifel besser.

EDEL-SPÜLUNG

Für Weine von großer Finesse werden die Gläser in manchen Restaurants am Tisch „viniert". Der Sommelier gibt einen guten Schluck in ein Glas und schwenkt es damit sorgfältig aus. Dann gießt er diesen Wein nacheinander in alle anderen Gläser und schwenkt sie ebenfalls aus. Dadurch soll verhindert werden, daß noch so minimale Spülmittelrückstände den Weingenuß beeinträchtigen könnten. Diese Gefahr ist dadurch gegeben, daß die edlen Weingläser von heute – fürs Auge unsichtbar – „porös" sind und deshalb Spülmittel haften bleiben können. Da die Gläser von Hand poliert werden, können durch die Handtücher weitere Waschmittelspuren hinzukommen.

WIE WEIN UND ANDERE GETRÄNKE KALKULIERT WERDEN

Wer im Restaurant Wein oder etwas anderes trinkt, ob Mineralwasser, Champagner, Orangen- oder Apfelsaft, Obstbrand oder Grappa, stets zahlt er einen Preis, den der Gastronom als Unternehmer individuell kalkuliert hat. Deswegen kann Ihr Lieblingswein zu ganz unterschiedlichen Preisen in den Restaurants angeboten werden.

Es gibt keine allgemein verbindlichen Richtlinien für die Höhe der Wein- oder anderer Preise in der Gastronomie, wohl aber ein paar Grundsätze, die sich eingebürgert haben.

Meist sind die Preise für Menüs und einzelne Gerichte aus Tradition so kalkuliert, daß die Restaurants bankrott machen würden, wenn die Gäste nichts dazu trinken. Denn die Frage, ob ein Restaurant als teuer, preiswert oder günstig gilt, wird im allgemeinen Verständnis aufgrund der Essenspreise entschieden, die kulinarische Güte nach der Qualität der verwendeten Produkte und der angewandten Kochkunst. Es wird also unter Wettbewerbsgesichtspunkten kalkuliert.

Beim Wein und den anderen Getränken ist das anders. Alle Gäste im Restaurant bilden zwar gleichsam eine Gruppe, die die gleiche Einschätzung der Küche und des Restaurantstils vereint, aber beim Wein bleibt jeder dieser Gäste ein Individualist.

DER KALKULATIONS-SPIELRAUM

Es gibt kein Restaurant, das beispielsweise eine Lammkeule in drei Fleischqualitäten zu entsprechend differierenden Preisen führt, aber jedes Restaurant kann zu seiner Lammkeule verschiedenartige Rotweine in ganz unterschiedlichen Preiskategorien anbieten. Und da beginnt der Kalkulationsspielraum. Der wird zum einen von der Größe des Weinkellers, den das Restaurant für nötig hält, und vom ökonomischen Denken beeinflußt, zum anderen auch psychologisch von der Weinliebhaberei des Gastronomen.

BEIM WEIN WIRD KAUF-MÄNNISCH UND PSY-CHOLOGISCH GERECHNET.

Ein normales Restaurant wird alle seine Weine nach der gleichen Methode kalkulieren: Einkaufspreis + Lager- und Kapitalkosten + Arbeitsaufwand + allgemeiner Kostendeckungsbeitrag + Bruttogewinn = Preis der servierten Flasche, die dann zum Beispiel zwei-, vier- oder sechsmal soviel wie im Einkauf kostet. Ein nobleres Restaurant, das vom anspruchsloseren Weintrinker bis zur großen Weinnase alle Gäste mit einer angemessenen, beeindruckenden oder gar sensationellen Auswahl zufriedenstellen will, wird komplizierter kalkulieren.

Der Gastronom wird insbesondere überlegen: Wieviel teurer dürfen Weine im Restaurant sein, die schon im Einkauf zwanzig, fünfzig, hundert oder ein paar hundert Mark pro Flasche kosten? Dabei spielen nicht nur rein kaufmännische Überlegungen eine Rolle. Wer selbst gern Wein trinkt, wird davon ausgehen: Niedrigere Preise animieren eine Tischrunde dazu, eine Flasche mehr zu trinken. Daraus und aus der Tatsache, daß ein schon länger existierendes Restaurant die Weine zum Ursprungspreis einkaufen konnte, ein junges Lokal hingegen später die älteren Weine zum erheblich gestiegenen Wert ein-

BORDEAUX ROUGES

1924

Château Ripeau	..	R	8
Château Jean Faure	..	R	8
Château Fonplégade	..	R	8
Château Clerc Milon	..	..	10
Château Pédesclaux	..	R	10
Château La Tour Carnet	..	R	10
Château Carbonnieux	..	R	10
Château La Tour Haut-Brion	..	R	10
Château La Louvière	..	R	10
Château Canon Gaffelière	..	R	10
Château Clinet	..	..	10
Château Cadet Piola	..	R	10
Château Duhart Milon.	★	R	12
Château La Fleur	..	R	12
Château Clos de l'Église	..	R	12
Château Gazin.	..	..	15

★ Mise au Château. — R Vin en Réserve (voir page 3).

BORDEAUX ROUGES

1924

Château Cantemerle	★	R	15
Château Pontet-Canet	..	R	15
Château Durfort Vivens	★	..	15
Château Desmirail.	★	..	15
Château Léoville Poyferré	★	R	15
Château Pape Clément.	★	..	15
Château Bel Air	★	R	15
Château Ducru Beaucaillou.	★	R	15
Château Gruaud Larose Sarget	★	..	15
Château Montrose.	★	R	20
Château Palmer	★	R	20
Château Pichon Lalande	★	R	20
Cos d'Estournel	★	R	20
Château Rauzan Gassies	★	R	20
Château Gruaud Larose Faure	★	R	20
Château Brane Cantenac	★	R	20
Château La Conseillante	★	R	20

★ Mise au Château. — R Vin en Réserve (voir page 5).

kaufen mußte, resultieren die manchmal erstaunlichen Preis-
differenzen für die gleichen Weine.

AUCH WASSER KOSTET

Erstaunen lösen bei manchen Gästen auch die vermeintlich
hohen Preise für Mineralwasser oder Säfte aus. Dabei ist zu
bedenken: Der Lagerraum für Wasser ist nicht billiger als der
für Wein, der Kellner bekommt beim Ausschenken von Wasser
denselben Lohn wie beim Wein, das Spülen ist beim Wasserglas ebenso teuer wie beim Weinglas. Das gleiche gilt bei der
Cola für die Kinder. Ein kluger Gastronom muß auch hier bei
seiner Kalkulation zusehen, wie er einerseits auf seine Kosten
kommt und andererseits bei den Gästen nicht den fatalen Eindruck entstehen läßt, seine Preise durchbrächen die Schall-
mauern. Ihm bleibt nur eine insgesamt, aber nie in jedem
Einzelfall befriedigende Lösung.

DIE EINEN KRIEGEN EINEN KATER, ANDERE LEBEN LÄNGER

Wie bei allem im Leben kommt es auch beim Wein auf das
rechte Maß an. Er ist nicht nur der ideale Begleiter zu einem
guten Essen, sondern hat auch wohltuende gesundheitliche
Wirkung. Aber eben nur, wenn er in Maßen genossen wird –
doch auch für die richtige Menge ist der Mensch das Maß aller
Dinge. Wem wieviel gut bekommt, läßt sich nicht pauschal
angeben. Es kommt auf den Organismus an, auf Geschlecht,
Alter und körperlichen Zustand.

Frankreichs medizinische Akademie hält täglich ein Gramm
Alkohol pro Kilo Körpergewicht beim gesunden Menschen für

unbedenklich. Das entspräche, grob gerechnet, einer Flasche Weiß- oder Rotwein (0,75 Liter) für den normalen Mann, wenn er nicht nur die schwersten, also alkoholreichsten Weine trinkt. Doch solche Empfehlungen sind mit der Vorsicht zu genießen, die der Hausarzt empfiehlt.

Einen Genußmenschen wird es nicht stören, daß im Wein außer Wahrheit auch Stoffe sind, die das Wohlbefinden beeinflussen können. Jeder weiß aus mehr oder weniger leidvoller Erfahrung, was ein „Kater" ist. Er wird durch zu große Mengen Alkohol ausgelöst, auch das Durcheinandertrinken verschiedener Weine und Spirituosen (Cocktails und Digestifs) kann unangenehm werden. Den Kater lösen chemisch höherwertige Alkohole („Fuselöle"), Histamin und Schwefel aus.

Die höherwertigen Alkohole neben dem wohldosierten Äthylalkohol sind in guten Weinen nur in minimalem Ausmaß vorhanden (rund 0,1 Milligramm je Liter), kommen aber in schlechten oder gepanschten in unangenehmen Mengen vor. Der Eiweiß-Baustein Histamin, der sich nach der Gärung des Weins herausbildet und im Alkohol löst, kann ebenso Kopfschmerzen, Unwohlsein und Unangenehmeres auslösen wie die schweflige Säure, die jeder Wein zur Haltbarmachung braucht.

DAS FRANZÖSISCHE PARADOXON

ROTWEIN IST GUT GEGEN CHOLESTERIN.

Zur Freude der Weinfreunde und Verwunderung der Antialkoholiker analysierten Mediziner aufgrund der französischen Lebensgewohnheiten, daß regel*mäßiger* Rotweinkonsum hilfreich gegen Cholesterin ist. Der Weinjournalist Dr. Jens Priewe erklärte die Zusammenhänge in seinem Buch „Wein – Die kleine Schule": „Obwohl die Franzosen viel Fleisch und viel Käse essen und in der französischen Küche Butter, Crème fraîche und Eier eine große Rolle spielen, ist die Zahl der Menschen, die Herzinfarkte erleiden, in Frankreich deutlich niedriger als in Industriestaaten mit vergleichbar hohem Fettkonsum. Für dieses ‚französische Paradoxon' haben Wissenschaftler eine überraschende Erklärung gefunden: den hohen Weinkonsum in Frankreich (pro Kopf 66 Liter im Jahr), insbesondere den hohen Konsum an Rotwein.

Fettreiche Kost enthält viele Lipoproteine der ungesunden Kategorie LDL. Dieses Blutfett, auch Cholesterin genannt, lagert sich an den Innenwänden der Arterien ab und führt zu deren Verengung, im äußersten Fall zur Verstopfung der Blutbahn. Folge: Herzinfarkt. Die im Rotwein enthaltenen Phenole, zu denen zum Beispiel auch das Tannin gehört, verhindern dagegen die Oxydation des Blutfetts, so daß es zu keinen Ablagerungen kommt. Außerdem fördern Rotweine auch die Bildung des gutartigen HDL-Cholesterins, das Ablagerungen an den Gefäßwänden auflöst. So wird durch regelmäßigen Rotweinkonsum die Wahrscheinlichkeit von koronaren Herzerkrankungen gesenkt."

WELCHER WEIN PASST WOZU?

Es fühlen sich viele bemüßigt, bestimmte Weine zu bestimmten Gerichten zu empfehlen, mehr oder weniger allgemein, unterschiedlich wein- und essenskundig, mehr oder weniger frei von persönlichen Vorlieben und nationalen Voreingenommenheiten.

Allen Empfehlungen gemeinsam ist ein unvermeidlicher Nachteil: Niemand weiß, wie im Restaurant der Fisch, das Reh, die Pasta zubereitet und wie die Sauce dazu aromatisiert ist. In einem Feinschmecker-Restaurant ist deshalb der Sommelier, der die angebotenen Gerichte kennt und die dazu passenden Weine erprobt hat, der beste Ratgeber.

Unsere Hinweise gelten also vornehmlich für Restaurants ohne Sommelier. Und da auch wir unsere Vorlieben hätten, möchten wir lieber einen objektiven und weltweit profunden

Kenner zitieren: den englischen Weinfachmann Hugh Johnson und sein handliches Standardwerk „Der kleine Johnson für Weinkenner".

Antipasti: trockener oder lieblicher Weißwein (Arneis, Soave, Pinot Grigio, Greco di Tufo), Rosé de Provence, leichter Rotwein (Dolcetto, Franciacorta, junger Chianti)

Austern: Weißwein (Chablis, Muscadet, weißer Graves, Sancerre), Champagner brut; Engländer nehmen auch gern Guinness-Bier oder Scotch-Whisky mit Wasser

Barsch: Weißburgunder aus Baden oder der Pfalz

Bries: Riesling, Franken-Silvaner Spätlese oder gut ausgereifter weißer Bordeaux bzw. Burgunder, je nach Sauce

Carpaccio (Fleisch): fast jeder Wein, auch Roter

Carpaccio (Fisch): Puligny-Montrachet, Chardonnay

Consommé: halbtrockener Sherry, trockener Madeira, Marsala Vergine

Curry-Fleisch: lieblicher Weißwein, gut gekühlt (Orvieto abbocato, kalifornischer Chenin Blanc, slowenischer Traminer) oder, zur Betonung der Schärfe, herber Barolo, Barbaresco oder andere kräftige Rotweine (St-Emilion, Cornas, Shiraz/ Cabernet, Valpollicella Amarone)

Ente: Bordeaux, Burgunder, Côte du Rhone); mit Orangen oder Pfirsichen: Sauternes

Eierspeisen: am besten gar keinen Wein

Fischsuppen: sehr trockener Weißwein, trockener Rosé

Fleischpasteten: einfacher Rotwein

Forelle, geräuchert: Weißwein (Sancerre, Pouilly Fumé, Fumé Blanc, Rully)

Forelle, gekocht: Weißweine (Mosel, Saar, Meersburger)

Gänseleberpastete: Weißwein (Riesling Spätlese, Gewürztraminer, Sauternes), trockener Amontillado-Sherry

Gans: Bordeaux, Burgunder, Côte du Rhone); mit Orangen oder Pfirsichen: Sauternes

Garnelen: Weißwein (Riesling, Chardonnay, Burgunder)

Gazpacho: Sherry Fino, aber nur vorher und nachher

Graved Lachs: Aquavit, Weißwein (Chablis, kalifornischer Chardonnay)

Grillgerichte: einfacher, kräftiger junger Rotwein (Shiraz, Chianti, Zinfandel, Buzhag, Bandol)

Hase: vollduftiger Rotwein; nicht zu alter Burgunder, Bordeaux, Rhône (z. B. Gigondas), Bandol oder feiner Rioja Reserva, Dôle, badischer Spätburgunder, australischer Grange Hermitage

Huhn, gebraten: so gut wie jeder Wein, die Sauce entscheidet

Hummer (Salat): Weißwein (Elsässer Riesling, Mosel Spätlese, Chablis, Condrieu), Champagner

Hummer (mit Mayonnaise): feiner weißer Burgunder, Pfälzer Spätlese, Hermitage Blanc, Champagner, Sekt

Kabeljau: feine trockene bis liebliche Weißweine (Chablis, Meursault, deutsche Kabinettweine oder trockene Spätlesen)

Krabben: Fino Sherry, Chablis, Gavi

Krebse (kalt): Kalifornischer oder Pfälzer Riesling Kabinett oder Spätlese, Chardonnay, deutscher Spitzen-Riesling

Lachs: feiner weißer Burgunder, Rheingauer Kabinett oder Spätlese, junger Pinot Noir

MIT LACHS HARMONIEREN VIELE WEINE.

Lamm, gebraten: sehr gute Bordeaux, Côtes du Rhône, feine alte Rioja

Leber: junger Rotwein

Matjes: Wacholderschnaps, Aquavit, Bier

Käsefondue: trockener Weißwein

Kalbfleisch, gebraten: mit brauner Sauce leichte Rotweine, mit heller Sauce deutsche Weißweine, sehr leichte Rotweine

Kaninchen: junger italienischer Rotwein oder Chinon, Rhône-Rosé

Kaviar: Wodka, kräftiger Champagner

Lachs, geräuchert: trockener, ausdrucksvoller Weißwein (Pfälzer Riesling Spätlese, Elsässer Pinot Gris, Chablis, Pouilly-Fuissé), Fino-Sherry, Sekt, Champagner, Wodka, Aquavit

Nieren: Rotwein (Pomerol, St-Emilion, Cornas, Barbaresco, Rioja, Cabernets jeglicher Herkunft)

Ochsenschwanz: recht gehaltvoller Rotwein, z. B. St-Emilion oder Pomerol, Nuits-St-Georges, Burgunder, Barolo, Chianti Classico, Rioja Reserva, trockene Riesling Spätlese

Pasta: Weiß- oder Rotwein, je nach Sauce

Pizza: trockener Rotwein

Pute, gebraten: so gut wie jeder Wein, die Sauce entscheidet

Rindfleisch, gebraten: feiner Rotwein

Rindfleisch, gekocht: Rotwein, z. B. Bordeaux (Bourg oder Fronsac), Roussillon, Shiraz oder weißer Mâcon-Village oder besonders gutes Bier

Rindfleisch, geschmort: sehr kräftiger Rotwein, z. B. Pomerol, St-Emilion, Hermitage, Cornas, Barbera, Torres Gran Coronas

Schellfisch: trockene, etwas vollere Weißweine (Meursault, kalifornischer Chardonnay)

Schinken mit Melone: voller, trockener bis lieblicher Weißwein (Orvieto, Frascati, Pomino, Fendant, Grüner Veltliner, Silvaner)

Seezunge (gekocht, gegrillt, gebacken): feine Weißweine (Burgunder und gleichrangige andere)

Seezunge (in Sauce): Weißer Burgunder

Spargel: kräftiger Weißwein (Riesling, Gewürztraminer, Grauburgunder)

Steinbutt: feiner voller trockener Weißwein (Meursault, Chassagne-Montrachet oder Frankenweine, reifer Rheingauer, Spätlesen oder nicht trockene Auslesen von Mosel oder Nahe)

Taube: roter Burgunder, Chianti Classico, kalifornischer Pinot Noir, Silvaner Spätlese aus Franken

Terrinen: einfacher Rotwein

Wachtel: roter Burgunder, Chianti Classico, kalifornischer Pinot Noir, Silvaner Spätlese aus Franken

Zander: Puligny-Montrachet, edler Mosel

VII

DAS VERGNÜGEN DER FREIEN AUSWAHL: SO BESTELLT MAN RICHTIG

Drei Tips, wie man sich
stets die rechte
Tafelfreude bereitet

DARF'S EIN APERITIF SEIN?

Sobald die Gäste Platz genommen haben, wird in einem besseren Lokal der Ober fragen, ob sie einen Aperitif wünschen. Dieses wohlklingende lateinisch-französische Wort bedeutet wörtlich ganz schlicht: Öffner. Ein Aperitif soll also magenöffnend im Sinne von appetitanregend sein. Der Herr wird die Dame, der Gastgeber die Tischrunde befragen und selbst Vorschläge machen oder den Ober darum bitten. Ein Glas Champagner, Sekt, Spumante oder Prosecco oder kühler Sherry ist eine wohltuende Einstimmung auf ein schönes Essen.

Man muß sich aber heute auch in einem gehobenen Restaurant nicht mehr scheuen, ein frisches Bier, Orangensaft oder Mineralwasser zu bestellen. Sie werden ganz selbstverständlich kredenzt. Die hartnäckig verbreitete Behauptung, daß ein Pils die Geschmackssinne betäube, ist unrichtig.

COCKTAILS FÖRDERN SELTEN DEN ESSGENUSS.

Man kann den Aperitif auch auslassen und gleich mit Wein beginnen. Die typisch amerikanische Sitte, vor dem Essen alkoholreiche oder süße Cocktails zu trinken, mag stimmungsfördernd sein, steigert aber nicht den folgenden Eßgenuß. Der weltweit verbreitetste Aperitif ist der Martini-Cocktail, in dem sich würziger Gin, leichte Vermouth-Bitterkeit und salzige Olive zu einem aparten Geschmack vereinen.

Bietet der Ober einen Hauscocktail an, wird entweder Saft einer Frucht, die gerade Saison hat, oder etwas Angostura bzw. Cointreau mit Champagner oder einem anderen Schaumwein aufgegossen – vom Kir Royal (Likör von schwarzer Johannisbeere mit Schampus) bis zum Holler-Sekt (mit Holunderbeerensaft). Werden vor dem Essen bei einem Empfang nur Cocktails gereicht, so bedenken Sie bitte: Je süßer Sie trinken, desto weniger wird Ihnen danach selbst das schönste Menü schmecken.

„COMMUNISTE" UND „CARDINAL"

In Weinregionen gibt es oft Aperitifs aus Wein. Dann wird beispielsweise für Le Kir in Burgund, im Elsaß oder in der Schweiz etwas Schwarzer Johannisbeerlikör (Crème de Cassis) mit Weißwein der Gegend aufgefüllt. Das gleiche mit jungem, frischem Rotwein heißt in Frankreich, je nach gesellschaftlicher Einstellung, „Un Communiste" oder „Cardinal".

Grundsätzlich soll ein Aperitif den Magen auf das kommende Essen vorbereiten, wozu ein kühler Drink am geeignetsten ist. Er dient aber genauso gut dazu, sich zu entspannen, gleichsam den Alltag abzuschütteln, und in einer Gesellschaft mit Menschen, die man noch nicht kennt, die Befangenheit aufzulockern.

DIE VORZÜGE DES MENÜS

Spätestens, wenn der Aperitif serviert ist, die Gäste sich zugeprostet und getrunken haben, wird der Ober jedem am Tisch eine Speisekarte und gleichzeitig oder nach der Essensbestellung dem Herrn oder Gastgeber eine Weinkarte reichen. Ein liebenswürdiger Service wird die Karte zumindest den Damen aufgeschlagen übergeben.

Für Ihre Bestellung gilt grundsätzlich: Man soll das essen und trinken, was einem selbst gut schmeckt, und nicht das, was andere als Beweis für guten Geschmack halten. Und man tut sich einen geschmacklichen Gefallen, wenn man die kalten vor den warmen Gerichten ißt, die leichteren vor den schwereren, die sanfter gewürzten vor den pikanten und die hellen Saucen vor den konzentrierten dunklen.

DIE SAISON BEACHTEN

Wer die Küche des Hauses schon kennt, wird die anderen am Tisch auf die Spezialitäten aufmerksam machen. Es lohnt sich, sie zu probieren, statt Gerichte zu nehmen, die es auch woanders gibt. Und es ist immer von Vorteil, Gerichte aus den Produkten zu essen, die die Natur gerade in voller Reife hergibt. Spargel, Waldpilze oder Kirschen schmecken während ihrer deutschen Saison sicher besser als die ganzjährig aus Afrika oder von noch weiterher eingeflogenen. Der erfahrenste Feinschmecker in der Tischrunde wird gewiß gern die Führung durch die Karte übernehmen, Vorschläge machen und Fragen der anderen Gäste beantworten.

Worauf auch immer jeder am Tisch Lust und Appetit hat, es empfiehlt sich, daß alle die aus mitteleuropäischen Eßgewohnheiten entstandene Reihenfolge des Menüs einhalten: kalte Vorspeise, Suppe, warme Vorspeise, Fischgang, Hauptgericht, Käse, Dessert. Das wären sieben Gänge – natürlich ißt nicht jeder Gast und auch nicht jeder Liebhaber guter Küche immer soviele Gerichte, auch wenn die Portionsgröße heutzutage so gehalten wird, daß sich niemand übernimmt. Ob nun zwei, vier oder mehr Gänge gewünscht werden: Es dient immer der Stimmung, wenn alle gleichzeitig essen oder gemeinsam Zeit zum Gespräch haben. Also sollten sich alle am Tisch auf die gleiche Anzahl an Gerichten einigen.

IMMER RICHTIG: TIP DER KÜCHE

Im Idealfall werden alle das Menü nehmen, das die Küche vorschlägt. Sie tut es aus gutem Grund: Es enthält die Produkte, die heute am besten und frischesten sind, es bietet eine fein aufeinander abgestimmte Steigerung der Geschmackserlebnisse – und es ist das, was die Köche am liebsten zubereiten würden. Und das weiß ja jeder, der selbst kocht: Es gelingt einem auch am Herd das am besten, was man mit der größten Lust tut. Dementsprechend sollten Gäste, die beispielsweise an einem Sechser-Tisch bei jedem Gang quer durch die Karte bestellen, dabei bedenken, daß sie der Küche das Leben schwer machen und sich dadurch selbst um den höchstmöglichen Genuß bringen.

Das Menü ist überdies preisgünstiger als die gleiche Anzahl von Gängen, die man sonst aus der Karte aussuchen, also à la carte bestellen könnte. Denn erstens sind die Portionen etwas kleiner gehalten, da Sie ja mehrere Gänge essen. Zweitens läßt sich ein Menü, das möglichst viele Gäste im Restaurant essen, in der Küche anders kalkulieren als unterschiedliche individuelle Bestellungen.

MENÜS SIND GÜNSTIGER KALKULIERT.

Da manche Menschen Allergien oder Abneigungen gegen bestimmte Produkte oder Gerichte haben, wird jeder Ober auf entsprechende Wünsche eingehen und Änderungsvorschläge für den betreffenden Gang im Menü machen. Das gehört zum selbstverständlichen Service des Hauses.

ES GEHT AUCH OHNE FLEISCH & FISCH

Ein Vegetarier wird heute in jedem guten Restaurant wie selbstverständlich bedient, obwohl nicht überall generell spezielle Gerichte oder ein fleischloses Menü angeboten werden. Er macht es jedoch der Küche leichter und damit sich selbst angenehmer, wenn er möglichst schon bei der Tischreservierung oder spätestens beim Eintreffen im Restaurant auf die vegetarischen Wünsche hinweist. Dann können sich die Köche etwas Genüßlicheres einfallen lassen als die üblichen Routinegerichte.

Wer eingeladen ist, wird sich den Vorschlägen des Gastgebers anpassen, was die Zahl der Gänge angeht und sich sensibel im finanziellen Rahmen des Einladenden halten. Da sich ein Gastgeber, egal ob er privat oder geschäftlich einlädt, zumeist eine bestimmte Höchstsumme für das Essen und Trinken vorstellt, aber am Tisch schlecht vor allen Gästen sagen kann, Hummer sei ihm zu teuer und ein großer Rotwein zu kostspielig, sollte er ein paar Minuten vor seinen Gästen im Restaurant eintreffen und mit dem Oberkellner seine finanziellen Vorstellungen absprechen. Drohen die dann von Gästen gesprengt zu werden, wird der Ober bei der Bestellung diplomatisch einwirken und beispielsweise sagen, daß er heute statt zum Hummer zu den besonders guten Scampi raten würde und statt des gewiß allseits bekannten Weins eines berühmten französischen Château einen Geheimtip aus dem spanischen Rioja habe oder anstelle des üblichen großen Cognacs den jüngst in einem Gourmet-Fachblatt hoch gelobten Obstbrand eines Newcomers empfehle ...

TIP

Wer eingeladen ist und sich dafür mit Blumen oder etwas anderem bedanken möchte, schickt diese Aufmerksamkeit (wenn es sich nicht um ein Präsent handelt, das der Empfänger problemlos in die Tasche stecken kann) dem Gastgeber vorab oder hinterher nach Hause.

WER BESTELLT FÜR WEN?

Weiß jeder, was er essen möchte, legen alle die Speisekarte zugeklappt auf den Tisch. Damit erhält der Ober das Signal, daß er zur Bestellung erwünscht ist. Klassische Regel ist, daß bei einem Paar der Herr für die Dame mitbestellt und das Gericht der Dame bei jedem Gang immer zuerst nennt; in größerer Runde wird der Gastgeber für alle bestellen. Es kann aber auch, besonders bei mehreren Gängen, einfacher sein, wenn jeder für sich bestellt; und eine Frau, die selbst sagt, was sie will, irritiert niemanden mehr.

Bei größerer Runde wird der Ober auf seinem Notizzettel einen Sitzplan der Gäste skizzieren und jedem Gast dessen Bestellung zuordnen, damit nachher beim Servieren keine störenden Fragen nötig sind, wer welches Gericht bekomme.

VIII

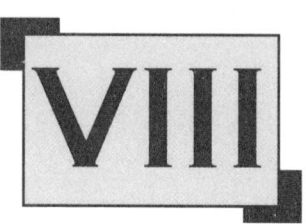

Bedienen, beraten, betreuen: Der Service

Sechs Möglichkeiten,
den Service von seiner besten
Seite zu erleben

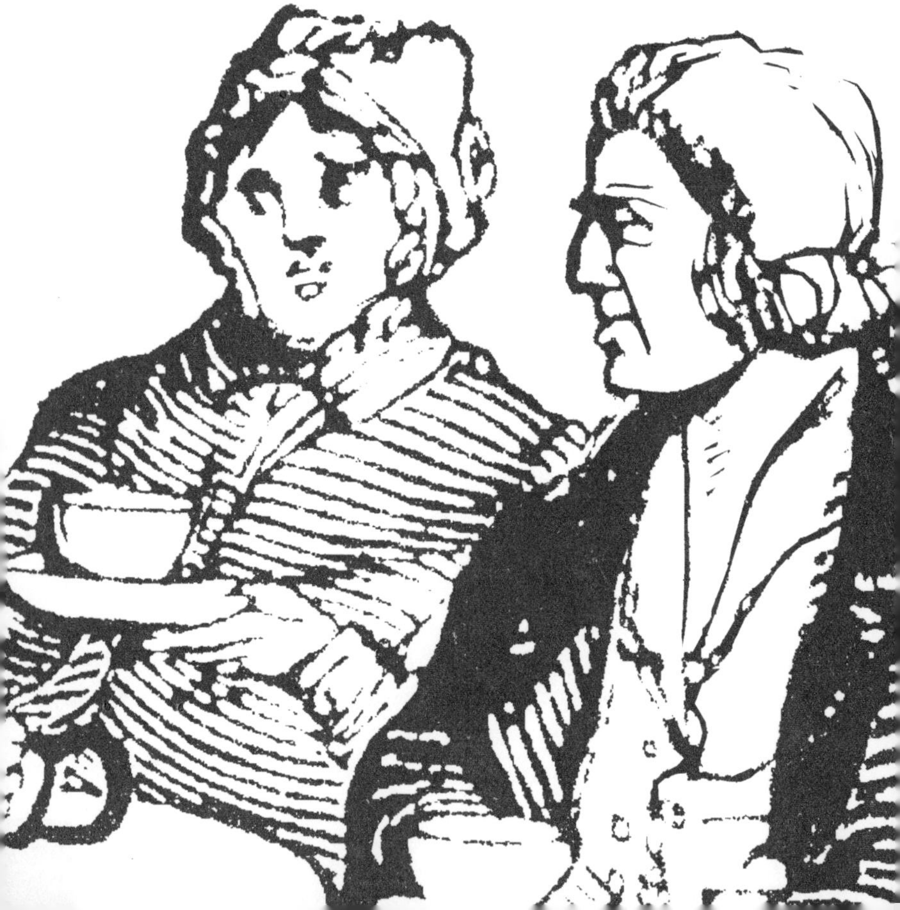

IMMER ZU DIENSTEN – EINE DANKBARE AUFGABE?

Seien wir ehrlich: Wir leben in einer Zeit, da alle ans Verdienen denken, und das Dienen äußerst schwer fällt. Die Dienstleistungsgesellschaft ist in Deutschland noch nicht sonderlich ausgeprägt. Zu Diensten zu sein, das liegt uns nicht wie anderen Völkern, in denen es wie selbstverständlich gern getan – und auch gedankt wird. Die Amerikaner scheinen da keine Probleme zu haben, und die Italiener machen uns vor, wie locker der Service sein kann.

Um den Beruf des Kellners und der Kellnerin aufzuwerten, haben wir Deutschen die Bezeichnungen Restaurantfachfrau und Restaurantfachmann ersonnen. Hoffen und wünschen wir, daß es etwas nützt.

VOM SKLAVEN ZUM MEISTER DER TAFEL. Der Beruf des Kellners hat eine lange und wechselvolle Geschichte. Bei den alten Römern war der „Cellerarius" der Hüter der Vorratskammer und fast immer ein Sklave. Er sorgte dafür, daß seine Herrschaft mit Speis' und Trank versorgt war. Das lateinische Wort wurde zum mittelhochdeutschen „Kelnaere". Damals, im Mittelalter, ließen sich die edlen Herren von Edelknechten bedienen, ihren Knappen. Als der Adel später absolutistisch herrschte, waren die Kellner bloße Lakaien. Nach der französischen Revolution, die für alle Menschen Freiheit, Gleichheit und Brüderlichkeit erkämpfen wollte, machten die aufgrund der Hinrichtung ihrer Herrschaften arbeitslos gewordenen Leibköche und Lakaien die Restaurants auf. Und der berühmte Koch Marie Antoine Carême, der als Begründer der Großen Küche gilt, wertete Anfang des 19. Jahrhunderts die Kellner im Titel eines seiner bedeutenden Bücher zu „Maîtres d'hôtel" auf, zu Meistern der Tafel.

Der Kellner hat es schwer

Doch sie blieben Menschen, die es schwer hatten, es allen recht zu machen. Sie sollten und sollen zur Stelle sein, wenn man sie braucht, ansonsten nicht auffallen. Ihr Erscheinungsbild und ihre Umgangsformen, ihr Fachwissen und ihr handwerkliches Geschick sollten und sollen dem Gast ganz selbstverständlich Freude machen, der dafür ein „Trinkgeld" gibt, was ja auch kein besonders schönes Wort ist.

Jeder Gast meint, er könne für sein gutes Geld im Restaurant einen guten Service verlangen. Dem läßt sich nicht widersprechen. Aber es läßt sich an dieser Stelle mal so nebenbei fragen: Wie gut ist der Service, den die Gäste außerhalb des Restaurants für ihr gutes Geld bei der Bank oder Behörde, in der Post oder Bahn, an der Tankstelle oder Supermarktkasse, beim Handwerker oder Check-in am Flughafen geboten bekommen?

Der Service im Restaurant wird zu Zeiten in Anspruch genommen, da die allermeisten anderen Arbeitnehmer Freizeit haben: abends und an Wochenenden. Der Service in der Gastronomie beginnt und endet nicht, wenn die ersten Gäste kommen und die letzten gehen. Und der Service erschöpft sich nicht darin, Kunden ordentlich zu bedienen, sondern er soll darüber hinaus eine Atmosphäre schaffen, in der sich der Gast wohl fühlt.

DER SERVICE SOLL GUTE ATMOSPHÄRE SCHAFFEN.

Dabei ist der höflich-freundliche Umgang mit dem Gast, das Aufnehmen der Bestellung, das Tellertragen, Nachschenken des Weins, Tranchieren des Geflügels oder Flambieren der Crêpe Suzette nur das kleine Einmaleins des Berufs. Das große Einmaleins des Service ist es, die Stimmungslage des Gastes zu erkennen, ihm je nach Essens-Anlaß entweder nichts zu Teures oder nichts vermeintlich Einfaches zu empfehlen, ihm keine zu komplizierten oder zu landläufigen Gerichte zuzumuten, ihm einen wohlgemeinten Rat zu geben oder ihn munter drauflos wählen zu lassen, ihn ein bißchen zu unterhalten oder besser in Ruhe zu lassen.

Das Haar in der Suppe

Je mehr der Gast dem Service entgegenkommt, um so größer ist die Chance, daß nicht nur alles in Ordnung, sondern rundum ein Vergnügen ist. Daß kann freilich nur gelingen, wenn der Gast ein gutes Essen als Beitrag zur Lebensfreude empfindet und nicht als Chance, sich in seiner Tischrunde dadurch zu profilieren, daß er als erster das sprichwörtliche Haar in der Suppe entdeckt.

MUSTER-LAND DES SERVICE: KALI-FORNIEN. Als Musterbeispiel für angenehmen Service gilt heute Kalifornien. Dort ist fast jeder Kellner, jede Kellnerin fröhlich, locker und flott. Die Gründe: Erstens sind die Menschen dort ohnehin lebensfroher. Zweitens jobben wahnsinnig viele arbeitslose junge Schauspieler und Models als Kellner, um an Geld zu kommen – und diese Leute haben eben gelernt, zu lächeln und sich angenehm zu bewegen. So was färbt natürlich auf die professionellen Kellner ab.

Ein Lächeln beim Tellereinstellen macht das Restaurant sympathischer als der hierzulande bei der Ausbildung geforderte formvollendete linke Arm auf dem Rücken beim Weineinschenken. Der Service darf – in Kalifornien wie bei uns in Deutschland – durchaus gegen die bestehenden Regeln verstoßen, wenn es dem Wohl des Gastes dient; zum Beispiel muß Wein nicht, wie gelernt, von rechts eingeschenkt werden, wenn sich der Gast gerade seinem rechten Nachbarn in intensivem Gespräch zuwendet. Alles Zeremonielle ist doch fast überall sonst passé, ebenso wie alles Pompöse.

Immer nur lächeln...

Deshalb sollte bei der deutschen Serviceausbildung viel mehr darauf geachtet werden, daß die jungen Leute lächeln lernen und locker sind, statt ständig nur krampfhaft daran zu denken: Mache ich auch alles richtig. Unangenehm ist auch ein Service, der oberlehrerhaft wirkt. Es genügt vollauf, wenn der Service weiß, daß er den Gästen – wie der Lehrer seinen Schülern – eine Seite im Lehrplan voraus ist; er muß es nicht ständig demonstrieren.

Grundsätzlich gilt heute: Ein Service, der seine Gäste gern hat, fällt weniger durch Fehler auf. Und Gäste, die sich wohl fühlen, mosern nicht an Kleinigkeiten herum.

Nicht oft genug können die Gastronomen ihrem Service klarmachen, was ihm der Hotelier Kuno Arndt einmal so ins Stammbuch schrieb: „Soviel sich auch ein Angestellter an gediegenen Fach- und Sprachkenntnissen aneignen mag, sein Hauptaugenmerk wird er stets darauf richten müssen, dem Gast zu gefallen. Kommt es ihm auf diese Wirkung nicht an, oder lehnt er gar diese Einstellung aus beruflicher und menschlicher Unreife ab, so wird leicht die angelernte, geschäftsmäßige Höflichkeit zur Phrase, die vollendetste Serviertechnik zur seelenlosen Konfektionsarbeit. Zumindest wird sie so bewertet. Individualistische Gäste reagieren mimosenhaft auf Hohlheit der Charaktere und Pomadigkeit der Nur-Routiniers.

Gefälliges Wesen, freundliche, einfühlende Art im Umgang mit Gästen erhöhen den Wert einer guten Küche, lassen gelegentliche Unzulänglichkeiten schnell vergessen und führen fast nie zu einem Bruch. Ein lediglich korrekt, aber kühl wirkender Service (entsetzlich unpersönlich, sagen manche Gäste) fordert oft schon bei der geringsten Panne Reklamationen heraus.

HERZLICH BRINGT MEHR

So vermindert also ‚gute', aber seelenlose Bedienung den Wert des Gebotenen, während die auf den Menschen Gast eingehende Individualität seinen Wert erhöht. Wenn es nicht allein darauf ankommt, was, sondern wie man ißt, so kommt es ebenfalls nicht allein darauf an, was geboten wird, sondern auch, wie es geboten wird.

Vergleichen wir doch einmal eine uns in manchen Dingen verwandte Berufsgruppe, die Verkäufer in einem Spezialgeschäft, um an ihrem Verhalten uns selbst zu prüfen. Der eine scheint wenig Wert auf Kundschaft zu legen, der andere kommt freundlich auf den Kunden zu und legt den gewünschten Artikel in allen Preislagen vor. Ein Dritter ist nur solange freundlich, wie er auf ein größeres Geschäft hoffen darf, er macht die preiswerte Ware schlecht und setzt, wenn sein Forcieren nicht fruchtet, sein wahres und viel weniger freundliches Gesicht auf.

NUR KASSE MACHEN, ZAHLT SICH NICHT AUS. Letzterem Typ entspricht oft auch der sogenannte ,gute Verkäufer' im Restaurant, ein Mann, der ,ohne Herz' verkaufend, nur ,auf Kasse' macht. Er wird auch die ältesten Stammgäste, die vor der Suppe und dem bereits bestellten üppigen Hauptgang noch eine ganz kleine Vorspeise wollen, niemals darauf hinweisen, daß sie mit dreimal Geflügelsalat für fünf Personen gut bedient sind, da reichlich angerichtet wird."

Da wendet sich „König Gast", wie Arndt in seinem gleichnamigen Buch bilanziert, mit Grausen. Statt das zu tun, wäre ihm jeder Gastronom dankbar für einen Hinweis auf das Gebaren im Service. Denn er wird statt seines Gastes lieber seinen Verkäufer loswerden."

DIE HIERARCHIE IM FEINEN SERVICE

Wie in jedem Beruf, gibt es auch im Service eine Rangordnung. Sie ist in Frankreich entstanden und in die deutsche Spitzengastronomie übernommen worden. Der Chef heißt Maître d'hôtel (Oberkellner). Seine engsten Mitarbeiter sind die Chefs de rang (zuständig für mehrere Tische). Denen arbeiten ihre Stellvertreter, die Demi-Chefs, sowie die Commis (Jungkellner) und Azubis zu.

Der Oberkellner begrüßt normalerweise die Gäste, geleitet sie persönlich an ihren Tisch, überreicht die Speisekarten, fragt nach dem Aperitif und nimmt später die Bestellung auf; ist er durch gleichzeitiges Eintreffen mehrerer Gäste überfordert, helfen die Chefs de rang aus.

Die sind während des gesamten Essens dafür zuständig, daß an ihren Tischen alles in Ordnung ist. Daß die Wartezeiten zwischen den einzelnen Gängen den Wünschen der Gäste entsprechen, genug Wein und Wasser in den Gläsern ist, keine benutzten Aschenbecher stehenbleiben. Die Chefs de rang tranchieren Enten und Braten am Tisch und stellen die angerichteten Teller hin. Die Commis tragen die Speisen aus der Küche heran und räumen das Geschirr ab.

DIE ANREDE – EIN TYPISCH DEUTSCHES PROBLEM

Auch im Restaurant ist's wie im ganzen Leben: Je freundlicher man um etwas bittet, desto eher bekommt man es. Das gilt für die Gäste ebenso wie für den Service. Dabei fällt es dem leichter, die Gäste anzusprechen als umgekehrt. Denn da beginnt das Problem schon mit der Anrede. „Herr Ober" zu sagen oder zu rufen, fällt niemandem schwer, aber wie spricht man den weiblichen Service an? „Hallo, Fräulein" mag einem ja noch über die Lippen kommen. Doch „Hallo, Frau" oder „Frau Oberin" klingen bestenfalls komisch.

Das Anredeproblem ist typisch deutsch. Unsere Sprache ist nicht gerade von Höflichkeit geprägt. Franzosen, Italiener oder Spanier haben es da leichter (und die Amerikaner in ihrer Unkompliziertheit sowieso). Franzosen können bei der Anrede einfach Madame oder Monsieur sagen, Italiener und Spanier entsprechend ansprechen. Im Deutschen aber klingt „Meine Dame" oder „Mein Herr" nicht höflich, sondern eher unfreundlich. Wir müßten mit Namen anreden, um höflich zu wirken.

Im Restaurant ruft der Franzose den Service ganz selbstverständlich mit „Madame" und „Monsieur" oder mit „Garçon" (Kellner) und „Mademoiselle". In Deutschland gibt es bis heute keine allseits befriedigende Lösung.

In einfacheren Lokalen läßt sich gut die amerikanische Sitte übernehmen. Dort kommen von New York bis Los Angeles die Kellnerinnen und Kellner an den Tisch, sobald neue Gäste da sind und stellen sich beispielsweise vor: „Hallo, mein Name ist Ann. Ich bin heute abend ihre Kellnerin." Man kann sich den Vornamen leicht merken und hat's dann bequem mit der Anrede, da man in einem normalen Lokal nur von einer Person mit Essen, Getränken und allem anderen versorgt wird. In feinen Lokalen, wo die Kellner Smoking tragen, ist diese Sitte auch in Amerika sowenig üblich wie hier. Dann kann man sich aber mit der Anrede „Sir" für den Oberkellner behelfen und die Kellner beim Vornamen nennen, wenn man sie kennt, da sich Amerikaner, egal ob sie per Sie oder Du sind, im normalen Leben ohnehin mit dem Vornamen ansprechen.

AUGENKONTAKT SUCHEN

Was also tun? Vor etwa 20 Jahren wurde in Deutschland vorgeschlagen und ernsthaft diskutiert, daß die Wirte Schildchen in hübschem Rahmen auf ihre Tische stellen: „Hier werden Sie von unserem Herrn Karl Müller, dem Oberkellner, bedient. Bitte reden Sie ihn mit Herr Müller, nicht mit Ober oder Kellner an." Das hat sich nicht durchgesetzt, auch deswegen nicht, weil ja in nobleren Restaurants außer dem Oberkellner noch der zuständige Tischkellner, der Sommelier und andere Servicekräfte anzureden wären.

Auch die in vielen Restaurants vom Personal getragenen Namensschildchen haben das Problem beim Anreden oder Rufen nur bei Azubis oder jungen Mitarbeitern gelöst, die sich beim Vornamen nennen lassen. Welcher Gast kann oder will ansonsten so lange auf das Schild starren, bis er sich einen langen deutschen oder gar für uns komplizierten ausländischen Namen eingeprägt hat? Selbstverständlich kann man jeden Mitarbeiter im Service fragen, wie er heißt, doch wer versteht schon Hrdlicka oder Zannutigh auf Anhieb so korrekt, daß er es nachsprechen kann?

Bleibt also nur die Behelfslösung, mit den Damen und Herren des Service, deren Namen man nicht kennt und von denen man etwas möchte, Augenkontakt zu suchen und sie durch eine freundliche Geste herbeizubitten. Denn quer durchs Lokal „Service" zu rufen, ist auch keine angenehme Lösung.

SCHÜSSELN VON LINKS, TELLER VON RECHTS

Bei der Art und Weise, wie serviert wird, gibt es international vier Methoden: Die amerikanische Art, in der Küche fertig angerichtete Teller auf den Tisch zu stellen; die russische Sitte, sich von den großen Platten und aus Schüsseln auf dem Tisch selbst zu bedienen; die französische Form, sich die Gäste von vorgehaltenen Platten und Schüsseln selbst nehmen zu lassen; die englische Etikette, den Gästen Platten zu präsentieren, diese auf Beistelltischen abzulegen und den Service dort die Teller ausrichten zu lassen.

In den besseren deutschen Restaurants ist der amerikanische Service üblich. Dabei werden Salat- und Brotteller sowie Platten und Schüsseln von links gereicht und wieder fortgenommen. Die Teller werden von rechts gereicht, die Getränke ebenfalls von rechts eingeschenkt, leere Teller und Gläser auch von rechts abgeräumt.

REGELN, DIE STÖREN, RUHIG IGNORIEREN.
Da die Tische in einem Restaurant nicht immer so stehen können, daß solche Serviceregeln problemlos praktizierbar sind, ist es vernünftiger, sie zu brechen, als die Gäste durch Korrektheit zu stören.

Nach Beendigung des Hauptgangs räumt der Service Salz- und Pfefferstreuer sowie das Brot ab und säubert die Tischdecke vor jedem Gast so beiläufig wie möglich von Brotkrümeln. Ganz klassisch ist es, dem Gast vor dem Dessert eine neue Serviette anzubieten.

WARTE, WARTE NUR EIN WEILCHEN

Vor Jahren haben sich manche Hotelrestaurants einfallen lassen, ein dreigängiges Mittagessen (Vorspeise, Hauptgericht und Dessert) garantiert in einer Stunde zu servieren – und bei Verspätung keine Rechnung zu stellen. Das sollte einerseits ein Werbegag sein, andererseits darauf Rücksicht nehmen, daß Berufstätige mittags nicht viel Zeit zum Essen haben.

Noch schneller geht's im Schnellrestaurant, und flott wird auch in den meisten Bistros serviert. Ansonsten nimmt man sich zum guten Essen angemessene Zeit.

Was angemessen ist, bleibt Ansichtssache. In der Großen Küche, in der ja nicht zackzack Tiefkühlschrank und Mikrowelle benutzt werden, sondern alles frisch zubereitet wird, erfordert schon die kunsthandwerkliche Arbeit einige Zeit, den sogenannten „Küchentakt". Der Schwierigkeitsgrad eines Gerichts und die nötige Sorgfalt bestimmen seine Dauer.

KOCHEN AUF ABRUF

Im Normalfall ist die Küche darauf eingerichtet, daß der Gast alle 20 bis 30 Minuten seinen nächsten Gang bekommt. Die Küchenbrigade eines Gourmettempels arbeitet aber nicht nach der Reihenfolge der bei ihr eingegangenen Bestellungen, sondern auf Abruf. Sie bereitet die Gerichte zu, sobald der Tischkellner sie abruft. Und der richtet sich nach der Stimmung an seinen Tischen. Er wird Gästen, die sich viel zu erzählen haben, dazu Zeit zwischen ihren Gängen lassen und jene, denen der Gesprächsstoff ausgegangen ist, in kürzeren Abständen bekochen lassen.

Wenn Sie mal keine Zeit haben, in aller Ruhe zu genießen, dann sagen Sie es dem Service vorher, damit er sich und die Küche darauf einstellen kann. Sollten Ihnen die Wartezeiten zu lang werden, obwohl Sie es nicht eilig haben, dann sprechen Sie darüber mit dem Service. Entweder wird die Küche dann flotter arbeiten, oder man wird Ihnen den Grund für die längere Dauer nennen und Sie um Verständnis bitten. Wieviel Toleranz Sie aufbringen, müssen Sie selbst entscheiden. Ungemütlich lange Wartezeiten, die weit über eine halbe Stunde hinausgehen, sollten Sie nicht klaglos hinnehmen. Die Resonanz wird um so gastfreundlicher sein, je gelassener Sie reklamieren.

REKLAMIEREN SIE RUHIG – AM BESTEN GANZ RUHIG

Wo Menschen arbeiten, passieren Fehler. Auch im Restaurant. Wer in einem Lokal mit gutem Ruf enttäuscht ist, sollte reklamieren. Aber vorher einmal tief Luft holen. Ein guter Gast wird nicht lautstark dem ganzen Service vom jüngsten Kellner bis zum Chef gehörig die Meinung sagen und schließlich noch dem Koch eins überbraten.

Der gute Gast wird zunächst überlegen, woher sein Unmut rührt. War ein Gericht nicht nach seinen Vorstellungen? Hat der Ober einen schlechten Tag oder man selbst keine gute Laune? Störten einen die Gäste am Nebentisch? War die Küche nicht gut drauf, machte sie Flüchtigkeitsfehler oder kochte sie lieblos?

Nach solcher Ursachenforschung reklamiert man souveräner. Sprechen Sie den zuständigen Mitarbeiter des Restaurants an, und erklären Sie ruhig, aber bestimmt, was Ihnen mißfallen hat. Je menschlicher Sie das tun, um so mehr Wirkung werden Sie erzeugen – und umgekehrt. In einem guten Restaurant wird Kritik als hilfreich empfunden, um Schwachstellen auszumerzen. Und weil jedes Lokal den Gast, der seine Kritikpunkte anspricht, lieber hat als den, der stumm beschließt, **SACHLICHE KRITIK IST WILLKOMMEN.** nie wiederzukommen, wird sich das Haus auch bemühen, den enttäuschten Gast angemessen zu entschädigen und ihn für einen weiteren Besuch zu gewinnen.

Denn jeder Gastronom weiß, daß ein unzufriedener Gast ungleich mehr schadet, als ein zufriedener nützt. Es ist davon auszugehen, daß ein sehr angetaner Mensch das Restaurant im Schnitt dreimal weiterempfiehlt. Ein tief enttäuschter hingegen erzählt durchschnittlich zehnmal, wie unangenehm es ihm ergangen sei. Das Positive wird nun mal als selbstverständlich hingenommen, negative Kritik hingegen mit Vehemenz verbreitet.

Daß bei Tische schneller getadelt als gelobt wird, weiß auch jede Hausfrau. Wenn ihr was mißlingt, bekommt sie das sofort zu hören. Wenn nicht, kann sie lange auf ein freundliches Lob warten. Restaurantgäste sind wie Ehemänner, die ihre Zurückhaltung beim anerkennenden Wort gern so begründen: „Wieso, wenn ich nichts sage, dann bin ich doch zufrieden."

Eating 45

IX

WIE DER GAST KÖNIG IST: SOUVERÄN VOM EINTRITT BIS ZUM TRINKGELD

Dreizehn Ratschläge, damit
Sie im Restaurant nie
zwischen zwei Stühlen sitzen

WER GEHT VOR IM RESTAURANT?

Ladies first gilt nicht beim Betreten eines Restaurants. Stets geht der Mann voraus, nicht, weil er wichtiger wäre, sondern aus einem uraltem Grund: Nie muteten Männer ihren Frauen zu, fremdes Terrain zuerst zu betreten. Beschützend ging der Mann vor.

Nun muß sich heutzutage keine Frau vor etwas fürchten, wenn sie ein Restaurant betritt. Insofern wird sie ihrem Begleiter nicht gram sein, wenn er ihr die Tür aufhält und sie vorangehen läßt.

Drinnen hilft der Mann der Frau aus dem Mantel. Er überläßt das nicht dem Ober, auch wenn der noch so beflissen herbeieilt; denn der Herr zeigt damit seine Wertschätzung und delegiert die nicht an hilfsbereite Mitmenschen. Den Mantel der Dame gibt er dem Ober, danach zieht er seinen eigenen aus. (Es wäre vom Mann auch nicht liebenswürdig, beim Verlassen des Restaurants der Dame vom Ober in den Mantel helfen zu lassen, auch das macht er lieber selbst.) Manche Ober sind allerdings dermaßen zuvorkommend, daß sie dem Herrn unbedingt zuvorkommen wollen, da bleibt ihm nichts anderes übrig, als den Service bei der Garderobe gewähren zu lassen.

DIE KORREKTE REIHENFOLGE

Egal ob man – nach französischer oder amerikanischer Sitte – erst auf einen Aperitif oder Drink an die Bar geht oder – wie hierzulande üblicher – gleich zu Tisch möchte: Wird man nicht von einem Ober geführt, geht der Herr voraus. Geleitet der Ober, geht die Dame hinter dem Ober und der Herr hinter ihr. Gehen zwei Paare gemeinsam zu Tisch und wollen dabei die traditionelle Etikette wahren, so halten sie diese Reihenfolge ein: Herr, Dame, Dame, Herr. Führt der Ober die Paare zu Tisch, geht's so: Ober, Dame, Herr, Dame, Herr. Noch mehr Paare werden den Ober oder einen Herrn vorausgehen lassen und dann so folgen, wie sich's grad ergibt, statt sich zur bunten Reihe zu formieren.

Beim Verlassen des Restaurants ist alles umgekehrt: Die Dame geht voran. Warum das so ist, ist nicht bekannt – wahrscheinlich weil eine Frau der schönere Anblick ist, der nicht verdeckt werden darf ...

An dieser Stelle ein Wort unter uns Männern. Manche Männer sind, besonders in einem feinen Lokal, zunächst ein bißchen verlegen und wollen das mit besonderer Lässigkeit überspielen, in dem sie eine Hand oder gleich beide Hände in die Hosen- oder Jackettasche stecken. Das hat auf Damen aber leider den gegenteiligen Effekt: Es wirkt auf sie nicht nonchalant, sondern verklemmt. Auch auf den Service wirken Männer, die sich beim Betreten des Restaurants an die Nase fassen, durchs Haar streichen oder ihren Autoschlüssel herumschlenkern, nicht so, daß sie bevorzugt bedient werden müßten.

SO SITZT DIE SITZORDNUNG

Bei einem zwanglosen Essen überlassen Herren den Damen am Tisch die Wahl des Platzes und nehmen es als selbstverständlich hin, daß Frauen den schöneren Ausblick haben möchten, lieber ins Restaurant schauen als gegen die Wand und am liebsten im schönsten Licht sitzen. Gibt es am Tisch

Stühle mit und ohne Armlehne, wird den Frauen und den älteren Herren das Vorrecht gewährt, es bequemer zu haben.

Wer sich als Mann von einem Abend mit einer Frau mehr als gutes Essen verspricht, sollte bei der Wahl des Restaurants oder des Platzes dort auch die psychologischen Erkenntnisse berücksichtigen, daß Lokale in zartem Braun oder rötlichen Ocker oder mit altväterlicher Holzvertäfelung auf Damen angenehm wirken, violette Töne oder streifige Mischung von Rot mit Gold hingegen beunruhigend – und in Lokalen mit grellem Licht glauben Frauen, um Jahre älter auszusehen.

SICHTKONTAKT ZUM OBER

Gehen mehrere Paare oder eine Freundesrunde ganz zwanglos essen, werden sie sich auch nach Lust und Laune plazieren oder gegebenenfalls den Einladenden vorschlagen lassen, wer wo sitzt. Ist ein besonderer Ehren werter Gast in der Runde, bittet ihn der Gastgeber neben sich, oder die Runde räumt ihm den repräsentativsten Platz ein (meist das Kopfende oder an der Mitte des Tischs) oder den schönsten. Ein Gastgeber sollte so sitzen, daß er jederzeit Sichtkontakt mit dem zuständigen Ober hat.

Die Tischordnung, daß Ehepaare getrennt und abwechselnd Dame und Herr nebeneinander sitzen, wird heute nur noch von Menschen eingehalten, die prinzipiellen Wert auf Etikette legen.

Gibt es ein Essen mit gesetzter Tischordnung, die der Gastgeber festlegt, sollte man sie tunlichst einhalten. Denn der Gastgeber hat sich reiflich überlegt, wer neben wem sitzen soll, damit das Essen den gewünschten Zweck erfüllt und dem Anlaß gerecht wird. Wer gern einen bestimmten anderen Gast als Nachbarn hätte oder ihn möglichst weit weg wünscht, muß das vorher mit dem Gastgeber klären.

PASSEND PLAZIEREN

Müssen Sie selbst eine Tischordnung festlegen, so trennen Sie Leute, die sich nicht leiden können oder immer nur über ein Thema reden, separieren Sie Raucher und Nichtraucher, hitzköpfige politische Gegner und die Menschen, die gern dem ganzen Tisch ihr Thema aufzwingen. Frischverliebte und Jungverheiratete auseinanderzusetzen, hat fast immer zwei lange Gesichter zur Folge.

Müssen Sie als Gastgeber bei Ihrer Tischordnung förmliche Regeln der Etikette einhalten, so gilt: Essen Sie als Gastgeber mit Ihrer Frau, so sitzen Sie nicht nebeneinander, sondern am besten gegenüber. Ist der ranghöchste Gast eine Dame, sitzt sie neben Ihnen, ist der ranghöchste Gast ein Herr, sitzt er neben Ihrer Frau (in Deutschland links, im Ausland meist rechts). Diesen beiden Gästen schließen sich die übrigen gemäß Rangfolge an; bei der wäre zu beachten: Partnerinnen haben stets den gleichen Rang wie Männer, Gäste sind ranghöher als Verwandte oder Kollegen, Ältere ranghöher als Jüngere, Ausländer gehen Inländern vor, wenn es keine Sprachprobleme gibt (um die zu vermeiden, darf man die Rangordnung ändern).

Wird einem bei einer Veranstaltung, einer Tagung oder einem Ball ein Tisch zugewiesen, an dem es keine feste Sitzordnung gibt, setzt man sich nicht einfach auf einen noch freien Stuhl, sondern fragt die bereits sitzenden höflichkeitshalber, ob der Platz noch frei sei.

ZUR VER-
ABREDUNG
KOMMT DER
HERR ETWAS
FRÜHER.

Ist ein Paar zum Essen im Restaurant verabredet, das sich nicht gut kennt, wird der Herr ein bißchen früher da sein und sich mit Blick zur Tür setzen. Kommt die Dame, geht er ihr entgegen und hilft ihr aus dem Mantel. Muß er den selber zur Garderobe bringen, weil kein Ober zur Stelle ist, wartet die Dame, bis der Herr zurück ist und sie zu Tisch führt. Dort zieht er den von der Dame gewählten Stuhl zurück und schiebt ihn, wenn sie sich setzt, sacht unter sie.

Nach guter alter Sitte steht der Herr auf, sobald eine Dame den Tisch verlassen möchte und wenn sie zurückkehrt. In größerer Runde erheben sich der Tischherr der Dame und ihr anderer Nachbar oder deuten die Bewegung zumindest an.

WOHIN MIT HANDTASCHE UND HANDY?

In feineren Restaurants wird seit altersher bedacht, daß Damen eine Handtasche dabei haben und die während des Essens weder auf ihren Schoß legen noch vor sich auf dem Tisch haben möchten. Es gibt also eine Ablage. Gibt's keine, hängt die Dame ihre Tasche über die Rücken- oder Armlehne ihres Stuhls.

Manche Männer haben neuerdings auch etwas abzulegen. Entweder ihr Autoschlüsselbund oder ihr Handy. Wer nicht als Angeber gelten möchte, wird beides nicht auf den Tisch legen; genausowenig wie er sein Jackett hinter sich über die Stuhllehne hängen wird. Apropos Handy: Wirklich wichtige Menschen, die erreichbar sein müssen, kehren das nicht wichtigtuerisch heraus – oder haben Sie schon mal einen Chefarzt, Unternehmer oder Minister lauthals am Tisch telefonieren gehört? Bedeutende Menschen sind diskret und brauchen keine sogenannten Statussymbole, um aufzufallen.

NUR UNBEDEUTENDE LEUTE WOLLEN AUFFALLEN.

Über das Argument der meisten auffälligen Benutzer eines Handys, sie müßten ständig erreichbar sein, machte sich der bekannte Journalist Johannes Gross in der „Frankfurter Allgemeinen Zeitung" lustig: „Wer ständig erreichbar sein muß, gehört zum Personal."

GRÜSSEN UND BEGRÜSSEN

Kommt man zu einer Tischrunde erst, wenn bereits alle sitzen und möchte formgerecht begrüßen, wird man zuerst dem Gastgeber und dessen Frau die Hand geben; die Reihenfolge sollte sich daraus ergeben, auf wen von beiden man zuerst trifft. Ist einer der Geladenen ein besonders würdiger Ehrengast, der etwas zu feiern hat und gefeiert wird, darf man ihm zuerst die Hand schütteln oder gleich nach den Gastgebern noch vor den Damen am Tisch. Ansonsten begrüßt man zuerst die Damen, entweder in der Reihenfolge, die sich zwanglos ergibt, oder nach der Würde, also erst die Frau des Chefs, dann dessen Tochter. Damen bleiben bei normaler Begrüßung sitzen, Herren stehen auf.

HERREN STEHEN BEI DER BEGRÜSSUNG AUF.

Wer dermaßen zu spät kommt, daß die anderen Gäste erkennbar seinetwegen warten mußten, sollte sich zumindest beim Gastgeber förmlich dafür entschuldigen. Dabei ist eine kurze, plausible oder witzige Erklärung ungleich wirkungsvoller als eine langatmige Darlegung irgendwelcher Umstände. Eine gute Ausrede ist ja sprichwörtliche drei Batzen wert.

Sieht man an einem anderen Tisch Bekannte, so genügt ein freundliches Grüßen per Kopfnicken. Erblickt man gute Freunde oder jemanden, mit dem ein kurzes Gespräch sehr wichtig wäre, wird man zur persönlichen Begrüßung oder zur kurzen Unterhaltung die nächste Essenspause an deren Tisch abwarten.

FRAGEN KOSTET AUCH BEI TISCH NICHTS

Kein Mensch weiß alles, und jeder war mal Anfänger. Das sollten Sie immer bedenken, wenn Ihnen etwas unklar ist – auch im Restaurant. Nur Dumme und Snobs fragen nicht und lassen sich nicht beraten.

Erschrecken Sie also nicht, wenn Sie zum erstenmal Hummerzange und Hummergabel vor sich haben, wenn Blüten, die sie noch nie gesehen haben, das Gericht auf Ihrem Teller verzieren, oder Ihnen im japanischen Restaurant statt eines Bestecks zwei Stäbchen gereicht werden und Sie nicht wissen, wie man damit ißt.

BITTEN SIE RUHIG UM HILFE

Niemand wird es Ihnen übelnehmen, wenn Sie um Rat fragen. Für die anderen Gäste, die scheinbar mühelos mit dem kompliziert erscheinenden Hummerbesteck und dem gepanzerten Krustentier umgehen, gab es auch ein erstes Mal. Wissen Sie nicht, ob die Blüten mitgegessen werden können oder bloß Dekoration sind, dürfen Sie heute eigentlich immer davon

WAS ESSBAR AUSSIEHT, KANN MAN GETROST ESSEN. ausgehen, daß alles, was auf dem Teller eßbar aussieht, gegessen werden kann; ansonsten fragen Sie beispielsweise, aus welchen geschmacklichen Gründen etwas Ihnen Unbekanntes auf dem Teller ist. Und ehe Sie sich dermaßen mit den ungewohnten Stäbchen abmühen, daß Ihnen die Freude am Essen verleidet wird, bitten Sie ruhig als einziger am Tisch um Gabel oder Löffel.

Grundsätzlich gilt: Je selbstverständlicher Sie sagen, daß Sie etwas nicht können oder kennen, desto selbstverständlicher wird man Ihnen helfen; wer langatmige Erklärungen gibt oder seltsame Ausflüchte sucht, löst unliebsame Reaktionen aus. Ist es Ihnen trotz allem wirklich sehr peinlich, als Dummerchen zu gelten, dann schützen Sie einfach eine Allergie vor, das wird heute immer sofort verstanden und akzeptiert.

Wenn Sie gern lernen möchten oder es wegen bevorstehender gesellschaftlicher Verpflichtungen lernen müssen, alle komplizierten Gerichte ganz lässig essen zu können, und niemanden haben, der es Ihnen erklären kann, dann empfehlen wir Ihnen den Ratgeber „Wie ißt man das? 77 schwierige Gerichte". Er ist im selben Verlag erschienen wie dieser Band.

MANIERLICH GEGESSEN, SCHMECKT'S ALLEN BESSER

Die sogenannten guten Tischmanieren gingen im Spätmittelalter von Italien aus, und noch heute wird das Benehmen bei Tisch als Maßstab für die gesellschaftliche Bildung empfunden. Italiener bewirkten, daß man sich vor dem Essen die Hände wusch und lernte, mit der Gabel zu essen und nicht geräuschvoll über heiße Gerichte zu pusten. In England kursierten bald darauf Gedichte, in denen die neuen Sitten zusammengereimt wurden: nicht vom Brot abzubeißen, sondern von seinem Stück einen Bissen abzubrechen, nicht mit vollem Mund zu reden und zu trinken, langsam und geräuschlos zu kauen, das Messer nicht zum Mund zu führen und es nicht am Tischtuch abzuwischen.

Im 18. Jahrhundert endete die Sitte, alle Speisen gleichzeitig auf den Tisch zu stellen und sich jeden nach Belieben selbst bedienen zu lassen. Heute wird in einem guten Restaurant

das Essen für alle an einem Tisch stets Gang für Gang gleichzeitig serviert.

Haben die einen Gäste beispielsweise eine warme Vorspeise gewählt, die in der Küche tellerfertig angerichtet worden ist, und die anderen eine Suppe, die vom Kellner am Beistelltisch aus einer Terrine in Teller geschöpft wird, so warten die zuerst bedienten mit dem Essensbeginn, bis alle ihre Teller haben. Sich dann freundlich einen „guten Appetit" zu wünschen, ist eine nette Geste; andere Floskeln, wie zum Beispiel „Mahlzeit", klingen zu sehr nach Kantine. „Gesegnete Mahlzeit" hingegen darf man sehr wohl sagen.

GEMEINSAM BEGINNEN

Sollte ausnahmsweise nicht gleichzeitig serviert werden können, so werden die noch wartenden die anderen bitten, schon anzufangen, damit deren Essen nicht kalt wird.

Spätestens jetzt, vor dem ersten Bissen, wird die Serviette vom Tisch genommen, auseinandergefaltet und auf den Schoß gelegt. Männer können sie auch an der Krawattennadel festmachen. Die Serviette in den offenen Hemdkragen zu stecken oder um den Hals zu binden, mag komisch gemeint sein, ist aber eher in Klamaukfilmen üblich.

SERVIETTE AUF DEN TISCH, NICHT AUF DEN STUHL.

Falls Sie vom Tisch aufstehen, legen Sie die Serviette (locker zusammengefaltet) so links neben Ihren Teller, daß sie für andere kein unschöner Anblick ist. Das Mundtuch über die Stuhllehne zu hängen oder auf den Stuhl zu legen, ist unfein und kann unangenehme Folgen haben, wenn Speisereste oder Lippenstift auf Sitzpolster oder Lehne geraten und anschließend auch noch die Kleidung verschmutzen.

Mit Messer und Gabel so essen zu können, daß man nicht wie ein Berserker wirkt, der auf dem Teller herumfuhrwerkt, mit seinem Besteck in der Luft herumfuchtelt und es auf dem Tischtuch statt auf dem Teller ablegt, wird heutzutage wohl niemand mehr erst als Erwachsener im Restaurant lernen.

Die Gabel zum Mund – nicht umgekehrt

Beim Essen die Ellbogen auf dem Tisch zu haben, den Kopf zum Teller zu senken statt die Hand zum Mund zu führen oder die freie Hand auf den Oberschenkel zu legen, wäre für die gegenüber sitzenden kein schöner Anblick. Es gilt als fein, die Messerspitze stets leicht nach unten und die Gabel gerade zu halten.

Selbst wer auf die Wahrung traditioneller Etikette besonderen Wert legt, wird wohl kaum noch die früher übliche „Höhere-Töchter"-Haltung beim Essen zelebrieren: mit steifem Rücken ohne Berührung der Stuhllehne. Das wirkt nicht nur krampfhaft zeremoniell, sondern führt auch zu Haltungsschäden. Wem eine korrekte Sitzhaltung bei Tisch wichtig ist, für den gilt heute: Man nimmt die ganze Sitzfläche des Stuhls ein, sitzt mit dem Oberkörper etwa eine Handbreit vom Tisch entfernt, hält die Arme beim Essen eng am Körper und legt zwischen den Gängen die Hände bis zum Handgelenk auf den Tisch.

Der Schluck zwischendurch

Möchte man während des Essens etwas trinken, oder hat man sein Glas zu erheben, weil ein Toast ausgebracht wird, legt man das Besteck nicht links und rechts mit den Spitzen am Tellerrand ab, sondern so auf seinen Teller, daß es nicht herunterrutschen kann.

Unterbricht man sein Essen und verläßt den Tisch, legt man Messer und Gabel gekreuzt auf den Teller, damit der Service den Teller nicht abräumt, sondern zur Beendigung des Gerichts stehen läßt oder ihn freundlicherweise auf einem Rechaud (Heizplatte) warmstellt. Ist man fertig oder möchte nicht mehr weiteressen, legt man Messer und Gabel parallel zueinander auf den Teller (das Messer rechts mit Schneide zur Gabel). Hat man auch den Saucenlöffel benutzt und will ganz korrekt ablegen, legt man von rechts nach links den Saucenlöffel, das Messer, die Gabel.

Falls Sie im Restaurant beobachten, daß ein Gast sein Besteck nach dem Essen ganz bewußt mal von der Tellermitte schräg nach rechts unten, mal schräg nach links unten ablegt, so will er damit nach alter, längst in Vergessenheit geratener Sitte fachmännisch etwas signalisieren: Nach rechts soll ausdrücken, daß er nicht zufrieden war. Die Wirkung ist gering, denn der Service pflegt ja heutzutage direkt zu fragen, ob es recht war, oder ist sensibel genug, Befriedigung oder Mißmut des Gastes sonstwie zu bemerken.

SUPPE DARF MAN TRINKEN

Wird eine Suppe in einer Tasse serviert, läßt man den Suppenlöffel nach dem Essen nicht in der Tasse, sondern legt ihn auf den Rand des Tellers, auf dem die Tasse steht. Hat die Tasse einen oder zwei Henkel, darf man die Suppe auch trinken – das empfiehlt sich sogar, denn eine wohlschmeckende Suppe schmeckt in großen Schlucken noch besser als vom kleinen Löffel.

In guten Restaurants gibt es zum Fleisch sogenannte Steakmesser, die dank ihrer scharfen, sägeartigen Schneide einen guten Schnitt haben. Ist Ihr Messer unscharf, bitten Sie um ein anderes, statt sich abzumühen.

UND DIE LINKSHÄNDER?

Linkshänder, die mit rechts nicht schneiden können, dürfen nach unserer Ansicht selbstverständlich die eingedeckten Besteckteile umwechseln. Nach gestrenger Etikette müßten sie sich jedoch mit dem Messer in der rechten Hand abquälen. Die Begründung für die Mühsal: Sitzen ein Rechts- und ein Linkshänder nebeneinander und führen gleichzeitig ihre Gabeln zum Mund, der eine mit links, der andere mit rechts, können sie mit den Ellbogen zusammenstoßen.

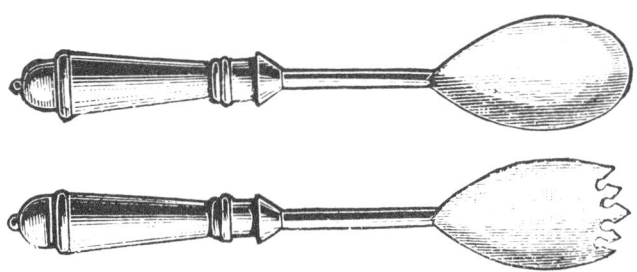

ANGEREGTE TISCHGESPÄCHE

Auch beim Essen sollte man den Mund nicht zu voll nehmen, vor allem nicht, wenn einem das Tischgespräch wichtig ist. Denn mit vollem Mund zu antworten, ist ein unangenehmer Anblick für andere; und den Gesprächspartner lange auf die Antwort warten zu lassen, macht auch keinen guten Eindruck.

Ein gutes Essen in angenehmer Runde regt gewiß die Unterhaltung an. Da vornehme Leute und sensible Menschen eher leise, zumindest nicht lauter als nötig sprechen, werden sie keine Nachbartische stören. Die Rücksichtnahme bedeutet **LAUTES GE-** aber nicht, daß in einem Gourmettempel wie in der Kirche nur **REDE UND** geflüstert würde. Auch beim besten Koch ist selbst das fein- **WILDES GE-** ste Mahl keine heilige Messe in andächtiger Stille, sondern ein **STIKULIEREN** Teil unserer Lebensfreude, und zu der gehört auch die ange- **ANGENEHM.** regte Unterhaltung, die aber nicht dazu führen muß, andere zu übertönen und dabei wild zu gestikulieren.

Im Kreise von Freunden, Bekannten oder Kollegen ergeben sich die Themen ebenso von selbst wie beim Tête-à-tête, Geschäftsessen oder Familientreff. Anders ist es, wenn man eingeladen ist und die anderen Gäste nicht oder nur teilweise kennt. Es wäre unhöflich, sich möglichst auszuschweigen oder nur mit denen zu reden, die einem bekannt sind, und die anderen zu ignorieren.

KOSTENLOSE SPRECHSTUNDE

Unhöflich ist es auch, einen anderen Gast, der sich als Arzt, Rechtsanwalt oder Kfz-Meister entpuppt, mit seinen privaten Problemen zu behelligen. Der wird jemandem, der ein paar kostenlose Ratschläge haben will, höchstwahrscheinlich sehr schnell seine Visitenkarte geben und um einen Anruf zur Verabredung eines Gesprächs bitten.

Tischgespräche sollten unterhaltsam sein. Sie sollten nicht in Einzeldiskussionen ausarten, niemand sollte sich zum Alleinunterhalter berufen fühlen, und es genügt, seine Ansichten zu äußern, ohne partout das letzte Wort haben zu müssen. Man kann zwar über alles reden, aber nicht zu lange und nicht über das, was anderen am Tisch den Appetit verderben könnte. Es kann zu beredtem Schweigen anderer Gäste führen und die Stimmung bei Tische erheblich drücken, wenn jemand die eigenen Krankheiten ausbreitet oder nach den Zipperlein der Nachbarn fragt, wenn frivole oder bestimmte Berufe und Bevölkerungsgruppen herabsetzende Witze erzählt werden, das eigene und das Elend dieser Welt wortreich beklagt wird oder es jemand komisch findet, sich über andere Gäste lustig zu machen. Wer solche Unterhaltungsformen hat, riskiert mit ziemlicher Sicherheit, von niemandem in der Runde ein weiteres Mal eingeladen zu werden.

MAN KANN ÜBER ALLES REDEN, ABER NICHT ZU LANGE.

Sind Sie Gastgeber eines Essens, sollten Sie sicherheitshalber ein paar Themen parat haben, falls das Tischgespräch zu erlahmen droht. Denn wenn's langweilig zugeht, wird ungerechterweise nur zu gern der Einladende als spröder Gastgeber empfunden.

SCHNEUZEN UND NIESEN

Wer sich bei Tisch während des Essens oder der Unterhaltung die Nase schneuzen muß, wendet sich ab und erledigt das unauffällig. Manche Menschen nehmen dazu in einfacheren Lokalen die Papierserviette, was ja nicht verboten ist; sie aber danach zerknüllt neben seinen Teller zu legen, wirkt auf andere sehr eklig. Auch wer niesen muß, wendet sich ab und tut's so leise, wie er kann. Ist es doch laut, sagt man: „Entschuldigen Sie bitte." Die Nachbarn überhören das Niesen diskret und sagen nicht etwa: „Gesundheit!"

ZAHNSTOCHER NICHT AM TISCH BENUTZEN.

Nicht am Tisch, sondern unbeobachtet erledigt man alles, wozu man einen Zahnstocher braucht.

In der Kürze liegt auch bei Tischreden die Würze

Fasse dich kurz – diese alte Parole aus Telefonzellen gilt auch für Tischreden. Müssen Sie eine halten und sind darin nicht geübt, sollten Sie versuchen, ein paar Grundregeln zu beachten:

- Eine frei gehaltene Ansprache kommt immer besser an als eine abgelesene.
- Einen Spickzettel mit ein paar Stichwörtern darf man ruhig zur Hand haben.
- Eine humorige, launige Rede bewirkt mehr als eine ernste; es sei denn, der Anlaß ist ernst.
- Die erwünschte Wirkung ist größer, wenn man die Angesprochenen anschaut, statt über sie hinweg oder sonstwohin zu sehen.
- Versuchen Sie, alle Floskeln zu vermeiden.
- Werden mehrere Tischreden gehalten, so versuchen Sie, möglichst früh dranzukommen.
- Wollen Sie lieber ablesen als frei sprechen, formulieren Sie die Rede so, als ob Sie frei sprechen: keine komplizierten Gedankengänge, keine langen und keine verschachtelten Sätze. Und schreiben Sie in so großer Schrift, daß Sie Ihr Manuskript nicht vorm Gesicht halten müssen.

Tischreden sollten vor Beginn des Essens mit dem Service abgesprochen werden, damit kein Essen kalt und der Ablauf auch sonst nicht gestört wird. Um der Tischrunde anzukündigen, daß Sie jetzt reden wollen, schlagen Sie ein paar Mal mit einem Löffel ans Glas. Zu einer Rede in größerer Tischrunde sollten Sie aufstehen und nicht so laut sprechen, daß das ganze Lokal mithören muß. Reden Sie nur an einem Sechser-Tisch, können Sie auch sitzen bleiben.

Fangen während Ihrer Rede unhöflicherweise zwei Gäste an, miteinander zu flüstern oder zu sprechen, so machen Sie eine Pause und warten, bis wieder Ruhe ist – die haben Sie dann garantiert bis zu Ihrem letzten Wort.

Wird während oder am Ende der Rede ein Toast auf eine bestimmte Person ausgebracht, erheben sich dazu alle bis auf den geehrten. Gilt der Toast den Damen am Tisch, stehen nur die Herren auf.

Wie Feuer und Wasser: Raucher und Nichtraucher

Vor dem Essen und zwischen den Gerichten zu rauchen, empfinden zumindest die Nichtraucher als unangenehm, geschmacksstörend oder gar barbarisch. Unstreitig ist, daß Rauchen die Nichtraucher stören kann. Die müssen schon sehr phantasievoll sein, um sich eine Zigarette oder Zigarre als Genuß vorstellen zu können.

Umstritten ist, wie sehr rauchen das Geschmacksempfinden beeinträchtigt. Daß es die sinnliche Wahrnehmung durch Gaumen, Zunge und Nase vermindert, gilt als allgemeine Erkenntnis; ebenso, daß die Beeinträchtigung nach 15 Minuten vorbei ist. Wissenschaftlich erwiesen ist eine dauerhaft geringere Geschmacksfähigkeit, soweit wir wissen, nicht. Wir wissen aber, daß es bedeutende Köche gibt, die höchst subtil abschmecken können, und große Weinnasen, sogar Sommeliers, die bei Weinproben und Blindverkostungen brillieren – und gern rauchen.

RÜCKSICHT & TOLERANZ

Diese Tatsache hilft allerdings im Restaurant nicht viel weiter, wenn jemand als Form seines Lustgewinns genüßlich rauchen möchte und sich andere Gäste dadurch in ihrem Genuß beeinträchtigt fühlen. Solange rauchen erlaubt ist und die Raucher durch medizinische Argumente kaum zu beeinflussen sind, läßt sich der Konflikt nur gütlich lösen, also durch höfliche Rücksichtnahme und tolerantes Verhalten.

Nichtraucher freuen sich genauso, wenn keine Tabakschwaden über ihre Teller ziehen, wie sich Raucher ärgern, wenn ihnen beim Essen auf ihrer Terrasse der Qualm des grillenden Nachbarn um die Nase weht. In diesem Sinne bitten wir Gastronomen um Verständnis, wenn wir nichts anderes tun können, als die Raucher um Rücksicht und die Nichtraucher um Toleranz zu ersuchen.

SO SIEHT'S DER PSYCHOLOGE

Den Zündstoff der Konfliktsituation zwischen Rauchern und Nichtrauchern erläuterte der Psychologie-Professor Dr. Manfred Koch-Hillebrecht so: „In der ersten Phase der seelischen Entwicklung, die Freud die orale Phase nennt, ist der Säugling ganz von der Mutter abhängig, vom Saugen an ihrer Brust oder an der Flasche. Alle Lust geht durch den Mund, und die Mutter ist die einzige Quelle der Befriedigung. Freud meint, daß manche Menschen auf dieser Stufe fixiert bleiben. Die Trinker, die krankhaft Übergewichtigen und die Raucher können mit dem Streß des Lebens nicht anders fertig werden als durch die orale Regression, die ihnen die mündlichen Wonnen der frühen Kindheit wiederschenkt. Mit einem wichtigen Unterschied: Sie sind nicht von der Mutter abhängig, sondern Herr über die Lust. Im Gegensatz zu den meisten anderen Befriedigungen steht die Zigarette immer zur Verfügung ...

Die Psychologie hat sich auch dem Nichtraucher zugewandt. Warum reagiert er so aggressiv gegen Raucher? Wenn wir den Tierpsychologen glauben, ist das Rauchen auch eine Form der

123

Reviermarkierung. Es gleicht dem Setzen von Duftmarken, wie wir es von den Hunden beim Abendspaziergang kennen. Duftmarken unterstreichen Gutsherrenansprüche auf einen Platz im Restaurant oder auf einen Tisch. Der Nichtraucher kann sich dieser Duftmarke nicht entziehen. Sein eigenes Revier wird in Frage gestellt ...

KEINE PFEIFEN UND ZIGARREN, SOLANGE ANDERE NOCH ESSEN. In der schwierigen Situation des Psychokampfes steht der arme Gastronom als Schiedsrichter im Blickpunkt. Wir sollten ihm Beifall klatschen, wenn er Pfeifen- und Zigarrenrauchern während der Essenszeiten die rote Karte zeigt, und ihn nicht auspfeifen, wenn er gelegentliches Zigarettenrauchen toleriert."

Es wäre schön, wenn zumindest solange keine Zigaretten geraucht würden, wie Gäste an den Nebentischen essen, die vom Rauch erreicht werden. Da der Rauch von Zigarren und Pfeifen sehr lange in der Luft hängt, wäre es für die Atmosphäre im Restaurant höchst angenehm, sie erst anzustecken, wenn alle Gäste mit dem Essen fertig sind, oder sich seinem Tabakgenuß an der Bar oder im eventuellen Rauchersalon hinzugeben. Diese Sitte hat Tradition: In der sogenannten guten alten Zeit gingen die Herren nach dem Essen ins Raucherzimmer.

PARFUM, DAS MÄNNER NICHT BETÖRT

Frauen haben die liebenswerte Eigenschaft, attraktiv sein zu wollen. Zu diesem Vergnügen umwölken sie sich gern mit einem faszinierenden Parfum oder Eau de toilette. Kein Mann, der davon nicht angetan wäre. Aber diese Wirkung verkehrt sich ins Gegenteil, wenn der Mann vor einem guten Glas Wein sitzt.

Wenn Damen mit einer Duftwolke zu Tisch gehen, bewirken sie leider nur einen Effekt bei jedem Feinschmecker: Er weiß, daß sie sich nichts aus gutem Essen und entsprechendem Wein machen, sondern das Restaurant nur als Bühne für ihren Auftritt verstehen. Und dort lösen sie kein wohlgefälliges Geraune, sondern nur Verdruß über gestörten Genuß aus. Als störend gilt auch, das Make-up am Tisch zu erneuern.

AUCH SEIFE STÖRT DIE WEINNASE

Deshalb gibt es in den Räumen, die Damen und Herren beim Besuch eines Feinschmecker-Restaurants getrennt aufsuchen, keine duftbetonten Seifen und Eau de toilette. Denn eine Weinnase stört sich nach dem Händewaschen schon an einer leicht parfümierten Seife.

Manche Damen haben zuweilen einen unglücklichen Zeitsinn, dorthin zu gehen, wo sie im Restaurant so gern zu zweit hingehen. Statt bald nach einem Gericht aufzubrechen, warten sie so lange, bis der nächste Gang im Anmarsch ist. Im feinen Restaurant stellt das den Service vor das Problem, alles für den Tisch wieder zurück in die Küche zu bringen und zu warten, bis die Damen wieder da sind. Handelt es sich um kalte Speisen oder läßt sich das Essen leicht warm halten, ist es weiter kein Problem. Aber manches heikle Fischgericht wäre nach längerem Warten nicht mehr so beeindruckend, wie es die Küche präsentieren wollte. Es muß dann noch einmal zubereitet werden.

EIN UNGESCHICK LÄSST SICH SCHICKLICH MEISTERN

Jedem Menschen passieren Malheurs. Jeder hat schon mal Rotwein verschüttet oder sich mit Sauce bekleckert. Das ist nur dann peinlich, wenn man es nicht locker nimmt, sondern eine Staatsaktion daraus macht.

Wie man sich in solcher Situation nicht verhalten, sondern sie meistern sollte, beschrieb die Autorin und Künstlerin Petra Schmidt-Decker sehr amüsant in „Das große Buch des guten Benehmens":

„Eine Dame führt die Suppentasse an den Mund, sie bekleckert ihr Dekolleté und ihr Kleid. Nun nimmt sie die Serviette, wischt die Suppe vom Busen, reibt am Kleid und gesteht mit hochrotem Kopf: ‚Nein, daß mir so etwas passieren mußte! Und dann hier, in dieser Gesellschaft. Noch nie, ich schwöre Ihnen, nie in meinem ganzen Leben, ist mir so etwas Schlimmes passiert.' Hierauf kann ein charmanter Tischherr nur antworten: ‚Gnädige Frau, Sie sind zu beneiden.'

SOUVERÄN REAGIEREN

Gleicher Fall. Die Dame reagiert souverän. Sie wischt sich die Suppe von Busen und Kleid, sagt gar nichts und verschwindet, um sich zu ‚renovieren'. Falls sie sich in einer (schlechten) Gesellschaft befindet, in der das Gespräch abreißt wegen der verschütteten Suppe, so reagiert sie mit Charme und Humor: ‚Ich glaube, ich wollte den Mund zu voll nehmen'. Oder: ‚Beim Käse hätte ich's unauffälliger hingekriegt.' Oder: ‚Einen schönen Menschen entstellt nichts.' Oder: ‚Könnte ich bitte noch etwas Suppe haben?'"

Mit Charme, Humor, Schlagfertigkeit lassen sich tatsächliche oder vermeintliche Peinlichkeiten leicht ertragen.

WIE MAN MIT HUND NICHT AUF DEN HUND KOMMT

Wer einen Hund hat und ihn ins Restaurant mitnimmt, der weiß, daß er seinem Tier damit keinen Gefallen tut. Still unterm Tisch zu liegen oder sitzen, von den verlockenden Küchendüften nicht aufgeregt zu werden, mit Artgenossen keine Revierkämpfe auszutragen, das fällt verständlicherweise nicht jedem Hund leicht. Doch wenn er es erträgt, muß er nicht wie beim Metzger ein Schild fürchten, daß er draußen vor der Tür zu bleiben hat.

FRAGEN SIE VORHER, OB HUNDE ERLAUBT SIND. Es gibt nur wenige Restaurants, die keine Hunde hereinlassen; meist sind es kleine Feinschmeckerlokale. Damit sich Hundebesitzer Verdruß ersparen, sollten sie in den einschlägigen Restaurantführern nachschauen, die die Ausnahmen vermerken, oder sich telefonisch rückversichern.

Dort, wo Hunde erlaubt sind, wird auch, damit Frauchen und Herrchen in Ruhe essen können, dafür gesorgt, daß der treue Begleiter einen Napf mit Wasser oder sogar Fleisch bekommt. Wenn ein Restaurant diesen Service lieber draußen bieten möchte, sollten Hundebesitzer das nicht als mangelnde Tierliebe oder gar als Affront empfinden, sondern als Geste der Rücksichtnahme auf andere Gäste, die das aus ästhetischen Gründen nicht mögen.

Kein Verständnis bei anderen Gästen dürfen Hundebesitzer erwarten, wenn sie ihren kleinen Liebling auf den Schoß nehmen und ihn die Reste vom Teller fressen lassen.

DIE ZUKUNFT DER RESTAURANTS HAT SCHON BEGONNEN

Es scheint locker-flockig zu werden in der deutschen Spitzengastronomie, die große Küche schwört sozusagen dem Zeremoniellen ab. Der Service wird sein einstudiertes Verhalten zugunsten von mehr Natürlichkeit aufgeben, der Gast wird die Stimmung, in die er selbst in einem Restaurant gerät, höher als bisher schätzen, die hochgradige Bewertung der Küchenleistung wird zugunsten der Freundlichkeit des Gastgebers zurückgehen.

Am besten ausgedrückt ist diese sich abzeichnende Entwicklung mit dem Motto: „Barfuß ins Restaurant!" Das ist nicht wörtlich zu nehmen, sondern als Bild eines unverkrampften Lebensgefühls. Die Parole meint nicht, daß wir in Jesuslatschen und Joggingzeug kommen sollen. Wenn wir barfuß als Synonym für natürlich, gesund, einfach und ursprünglich nehmen, dann ist klar, worauf es hinausläuft: Die Gäste sollen sich künftig im Spitzenrestaurant nicht mehr wie im Gourmettempel vorkommen und die traditionellen Zwänge des Besonderen auf sich nehmen, sondern sie sollen sich unbeschwert und frei fühlen, gleichsam wie beim Schwimmen ohne Badezeug.

Abschied vom Zwang

Das Motto zu Ende gedacht, bedeutet „barfuß ins Restaurant" den Abschied vom Prätentiösen, weg vom förmlich-eleganten Konfektionszwang, der quasi ungeschriebenes Gesetz ist, hin zum leger-eleganten Outfit, kein steifer Service mehr, sondern souveräne Gelassenheit. Wir sollen uns fühlen wie daheim beim Essen. Das Motto bedeutet auch die Abkehr vom immer höher toupierten Raffinement in der Küche, das ein Gericht meist nur optisch, aber nicht geschmacklich interessanter macht.

Logisch ist dann auch die Abwendung vom unnatürlichen Produkt, das in der kulinarischen Diskussion bei der Stopfgansleber beginnt und bei der Gen-Manipulation von Viktualien endet. Das paßt trefflich zu einer Entwicklung, die wir beim wohlhabenderen Teil unserer Gesellschaft beobachten können: die Einführung der Gesundheit als neue Staatsreligion.

In Zukunft mehr Natürlichkeit als Feierlichkeit.

Ohne Wehmut sagen wir dem Luxus und der Feierlichkeit „adieu", freudig heißen wir Natürlichkeit und Herzlichkeit im Restaurant willkommen.

WER GERN GIBT, GIBT DOPPELT: DAS TRINKGELD

Wie ist ein besonders freundlicher Service, wie dankt man? Zwei Antworten

DAS ANGEMESSENE DANKESCHÖN

Das geflügelte Goethe-Wort „Amerika, du hast es besser", gilt auch beim Trinkgeld. Dort ist gesetzlich geregelt, daß und wieviel Tip der Service bekommt. Es sind 15 Prozent der Rechnungssumme für Essen und Trinken. Der Betrag wird von jedem Gast anstandslos bezahlt, nicht nur weil es Vorschrift ist, sondern auch, weil der Tip das ganze Einkommen des Service-Mitarbeiters ist.

TRINKGELD HAT TRADITION.

In Deutschland ist das alles, wie in unseren Nachbarländern, viel komplizierter. Zwar bekommen die Mitarbeiter im Service als Angestellte ein Gehalt, zwar sind die auf der Speise- und Weinkarte angegebenen Beträge stets Inklusivpreise (Steuern und Service inbegriffen). Aber es ist Tradition, dem Service ein angemessenes Trinkgeld zu geben.

Mit der Frage, was ist „angemessen", wird's kompliziert. Das Trinkgeld ist sozusagen ein Dankeschön, für das es ebenso wenig irgendwelche allgemein gültigen Regeln gibt wie für das Dankeschön an die aufopferungsvolle Krankenschwester, an den Taxifahrer, der einer alten Dame den Koffer trägt, oder die Nachbarin, die abends mal auf die Kinder aufpaßt. Der Dank, ob in Geld oder anderswie ausgedrückt, ergibt sich aus Herzensgüte, dem sprichwörtlichen Fingerspitzengefühl oder aus reiner Berechnung.

EINE STAATSANGELEGENHEIT

Das Dankeschön im Privatleben ist reine Privatsache, das Dankeschön im Restaurant ist eine Staatsangelegenheit. Denn 1995 kam der Bundesfinanzminister auf die Idee, das gesamte Trinkgeld des Service als Einnahme zu versteuern.

Über Sinn und Unsinn dieses Beschlusses ist hinreichend debattiert worden; die Argumente müssen in diesem Ratgeber nicht noch einmal erörtert werden, auch über die Steuerehrlichkeit muß hier nicht nachgedacht werden.

Wer als Gast über die Höhe des Trinkgelds unsicher ist, sollte abschätzen:

- Daß der Service freundlich ist, darf man voraussetzen – bleibt die Frage, ob er darüber hinaus besonders angenehm, sogar liebenswürdig war.
- Daß der Gast dem Service Arbeit macht, ist klar und bedarf keiner besonderen Berücksichtigung – bleibt die Frage, ob der Gast besondere Wünsche hatte und speziellen Aufwand wünschte.
- Daß der Service auf den gestreßten, traurigen oder heiteren, erfahrenen oder unerfahrenen, seine Ruhe oder etwas Unterhaltung suchenden Gast sensibel eingeht, sollte selbstverständlich sein – bleibt die Frage, wie geschäftsmäßig oder wohltuend der Gast den Service empfand.

Wer seine Antworten nicht individuell beziffern möchte, sondern lieber eine klare Richtzahl hätte, dem wollen wir nun gern die international übliche Höhe des Trinkgelds in gehobenen Restaurants nennen: fünf bis zehn Prozent der Rechnungssumme für einen Service, mit dem man rundum sehr zufrieden war. Wer mit Kreditkarte zahlt, macht sich beim Service beliebt, wenn er das Trinkgeld nicht mit aufschreibt, sondern bar gibt.

DER TRONC

Das Trinkgeld behält der Kellner, der es entgegennimmt, in aller Regel nicht selbst. Es kommt fast überall in eine Gemeinschaftskasse, den sogenannten Tronc. Den teilt der Service nach Regeln, die er selbst festlegt, unter sich auf. Oft gibt er der Brigade in der Küche davon kameradschaftlich etwas ab; auch das ist eine Vereinbarungssache. Falls Gäste einen bestimmten Teil ihres Trinkgelds ausdrücklich der Küche zuweisen, wird der Service diesen Betrag selbstverständlich weitergeben.

TRINKGELD ODER BEDIENUNGSPROZENTE?

Mann mit zugeknöpften Taschen,
Dir tut keiner was zulieb',
Hand wird nur von Hand gewaschen,
wenn Du nehmen willst, so gib'.
Goethe im „Westöstlichen Diwan"

Der Begriff „Trinkgeld" stammt aus jenen Urzeiten, als die Herrschaften den nichtswürdigen Hiwis in den Wirtschaften nichts Besseres zutrauten, als sich mit den herablassend hingeworfenen Münzen zu betrinken.

Diese Diskriminierung blieb unterschwellig immer mit dem Wort verbunden. Um sie zu beenden, wurde nach dem Ersten Weltkrieg in Deutschland tarifvertraglich geregelt, zehn Prozent für die Bedienung in die Restaurantrechnungen einzubeziehen. Auf die Speisekarten kam der Vermerk: „Wir bitten, dem Bedienungspersonal kein Trinkgeld anzubieten, da dessen Annahme vertraglich verboten ist."

DISKRETE ANGELEGENHEIT

Die meisten Gäste akzeptierten es, manche aber wollten sich weiterhin besonders erkenntlich zeigen. Sie gaben das Trinkgeld nun ganz unauffällig, und die Kellner verzogen keine freundliche Miene, um jede Aufmerksamkeit zu vermeiden. Fortan war das Trinkgeld eine diskrete Angelegenheit.

Aber nicht lange. Denn den zahlungswilligen Gästen mißfiel die Geheimnistuerei. Stadtbekannt in Berlin wurde ein Graf Gütersdorf, der einem Hotelkellner in Hörweite von dessen Direktor laut und deutlich sagte: „Hier, Herr Ober, haben Sie zehn Mark für die besonders aufmerksame Bedienung bei meiner gestrigen Abendgesellschaft. Ich könnte ja auch hingehen und eine Bonbonniere, einen Rosenstrauß oder ein Bilderbuch für Sie kaufen, aber so ist es für mich doch bequemer."

Die Abschaffung von Bedienungsprozenten und Trinkgeldern und die Einführung eines Festgehalts für den Service sollte Mitte der 30er Jahre das Ansehen der dienenden Berufe heben.

GUTER SERVICE ERFORDERT EINE BESONDERE MENTALITÄT.

Doch das Trinkgeld blieb. In Erwartung desselben entwickelte der Service in den besseren Restaurants auch nicht die vermeintlich typische Angestelltenmentalität, auf die Minute genau Feierabend zu machen. Man blieb, solange die Gäste blieben.

Gut so. Weniger erfreulich war, daß ein Gast, der für großzügiges Trinkgeld bekannt war, beim Betreten des Restaurants die volle Aufmerksamkeit auf sich zog, ein knickriger Gast hingegen alle Kellner emsig beschäftigt sah.

Heute ist das glücklicherweise alles ganz anders ...

XI

EIN HERZ FÜR KINDER:
SIE SIND DIE GÄSTE VON MORGEN

Zwei Wege, die lieben Kleinen
frühzeitig auf den
guten Geschmack zu bringen

KINDER MÖGEN, WAS DIE VORBILDER ESSEN

An unseren Schulen gibt es Kunstunterricht, Museumspädagogen führen Kinder in die Welt der optischen Schönheiten ein. Musik wird ebenfalls in jeder Schule nahegebracht. Und in die Theater können die Heranwachsenden zu staatlich subventionierten Preisen. Damit die lieben Kleinen aber auch beim Essen und Trinken auf den guten Geschmack kommen, dafür rührt sich keine öffentliche Hand. Sie hebt nicht einmal den drohenden Zeigefinger, wenn die Werbung den Kindern in aller Öffentlichkeit nur Appetit auf ungesundes Essen macht.

KINDER BRAUCHEN DAS GUTE BEISPIEL IHRER ELTERN.

Den Eltern bleibt nur eine Möglichkeit, ihren Kindern die gute Küche nahezubringen: Sie müssen selbst Vorbild sein. Denn Kinder sind gern bereit, das zu essen, was Eltern, Kameraden und sonstige Vorbilder vor ihren Augen mit Genuß verspeisen. Diese Wirkung beginnt, wenn die Mutter ihrem Kleinkind etwas mit allen Anzeichen des Wohlgeschmacks vorkaut. Erst dann probiert es das, was es nicht kennt.

ROT, SÜSS UND FETTIG

Daß Kinder ohne diesen Einfluß von Vorbildern nur zu Vertilgern von Nudeln, Pommes und Ketchup werden, ist zwangsläufig. Ihre erste Gaumenfreude ist eine weißliche, süßliche und fettige Flüssigkeit: Muttermilch. Später ist der Nachtisch für sie das Schönste am Mittag- oder Abendessen. Ein süßer Schlamm, so analysierte der Psychologe Prof. Dr. Manfred Koch-Hillebrecht, befriedigt ihre Idealvorstellung von gutem Essen. Ansonsten lassen sie sich noch das an Fleisch oder Geflügel gefallen, was möglichst weiß oder mindestens hell aussieht. Sie sind gierig auf alles, was süßer als Muttermilch ist: reifes Obst, Bonbons und Eis. Und alles, was rot ist, die erste

Farbe, die sie identifizieren können, also Ketchup, Marmelade und rote Grütze. Die Vorliebe für Spaghetti mit Tomatensauce und Pommes mit Ketchup ist daher leicht erklärlich und wird um so mehr erfüllt, je weicher die Spaghetti und Pommes sind. Die schlechte Gastronomie weiß also, was Kinder mögen.

Was aber tut die gute? Sie kann diese Kinder nicht schwuppdiwupp zu kleinen Gourmets machen. Sie kann nur mit aller Liebe darum bemüht sein, daß Kinder gern ins Restaurant mitgehen. Dazu ist vor allem nötig, ihnen nicht das schreckliche Gefühl zu vermitteln, sie müßten bei Tisch stillsitzen wie im Konfirmanden-Gottesdienst in der Kirche. Daß bleibt ihnen besonders in italienischen Lokalen erspart, weil deren Kellner grundsätzlich kinderlieb sind und auf alle Probleme eher komödiantisch als streng reagieren. Und das merken sich die Dreikäsehochs gut: Als Teenager und Twens gehen sie später am liebsten zum Italiener, zur Pizza und zur Pasta, die dann ruhig al dente sein darf.

MIT PAPIER UND STIFTEN

Auch deutsche Restaurants haben längst erkannt, daß man sich mit den Gästen von morgen schon heute gut stellen muß. Sie bieten den Kindern, denen es bei Tisch schnell langweilig wird, Malpapier und Buntstifte an – was wiederum die Eltern animiert, ihrerseits vor dem Restaurantbesuch mit Kindern für eine angenehme Beschäftigung der lieben Kleinen zu sorgen. Manche Restaurants haben Spielecken oder sogar Kinderspielzimmer eingerichtet, die meisten bieten spezielle Kindergerichte an und bemühen sich darüber hinaus, auf kindliche Essenswünsche nicht mißmutig, sondern freundlich einzugehen.

Köche unterrichten guten Geschmack

Eltern, die ihren Kindern Lust auf gutes Essen machen wollen, sollten als Vorbilder mit Freude am Tisch sitzen, aber nicht erwarten, daß Kinder genauso lange stillsitzen können. Es empfiehlt sich, sie vor oder nach ihrem Essen irgendwo spielen statt am Tisch ausharren zu lassen. Wenn die Kinder bei den Eltern bleiben, sollten die ihre Gespräche nicht über die Köpfe der Kleinen hinweg führen, sondern sie in die Unterhaltung einbeziehen.

Beziehen Sie Kinder in das Tischgespräch mit ein.

Beim Restaurantbesuch mit Kleinkindern empfiehlt sich die Mitnahme eines Kindersitzes. Die Lokale haben zwar meist welche, aber nicht immer genug; sie können den Kindersitz auch gleich mitbestellen, wenn Sie reservieren. Um dem Kind ein bißchen vertraute Umgebung zu bieten und aus praktischen Gründen, sollten die Eltern auch Lätzchen, abwaschbares buntes Set, Schnabeltasse und Spielzeug mitbringen.

Ob Eltern für ihre Kinder lieber vertraute Speisen bestellen oder ihnen stets Neues nahebringen, läßt sich nur individuell entscheiden. Vielleicht hilft Ihnen ein Ober, der es gut mit Kindern kann, wertvolle Überzeugungsarbeit zu leisten.

Tischmanieren lernen

Angenehme Tischmanieren dürfen die Eltern von ihren Kindern nur erwarten, wenn die zu Hause am Familientisch vorgelebt und geübt werden. Damit läßt sich im allgemeinen beginnen, wenn die Kinder vier Jahre alt sind. Wenn es konsequent geschieht, werden sie schnell selbstverständlich, denn die Kinder nehmen die guten Manieren an, ohne darüber nachzudenken.

Selbstverständlich dürfen Kinder im Lokal aufstehen und umhergehen, herumschauen und andere Gäste ansprechen, solange sie dabei nicht wirklich lästig werden und toben, schreien oder den Service behindern. Gewiß werden die Eltern das, was sie ihren Kindern erlauben, nach dem Stil des Restaurants ausrichten und einen Gourmettempel nicht für einen Abenteuerspielplatz halten.

Erlauben Sie Ihren Kindern frühzeitig, selbst zu bestellen und selbständig zu essen, eine Nachbestellung für Sie zu machen oder um die Rechnung zu bitten. Das bezieht die Kinder in das Geschehen ein.

KINDER BRAUCHEN VORBILDER

Passiert ein Malheur, dann machen Sie keine Staatsaktion daraus, schimpfen Sie nicht laut los, sondern beheben Sie das Problem des verschütteten Essens oder umgekippten Saftglases mit Hilfe des Service ohne Aufhebens und bringen Sie dem Kind nahe, daß man sich bei den Betroffenen entschuldigt.

Um die Eltern bei der Geschmacksbildung ihrer Kinder nicht ganz allein zu lassen – denn all die Vorbilder von Jürgen Klinsmann bis Mutter Teresa, von der Kelly Family bis zu Albert Schweitzer sind ja kulinarisch keine hilfreichen Stützen – und sie nicht nur bei den Restaurantbesuchen zu unterstützen, hat die Vereinigung europäischer Spitzenköche „Eurotoque" begonnen, zum Geschmacksunterricht in die Grundschulen zu gehen. Sie schärfen den Sinn für die Grundgeschmäcker, demonstrieren den Unterschied zwischen frischen Produkten und Konserven und animieren zu diesen Lehrstunden durch große Schüsseln voll Schokoladen- oder Vollmilchmousse und Zitronencrème.

SPITZEN-KÖCHE KOMMEN IN DIE GRUNDSCHULEN.

Was sich die Gastronomie noch zusätzlich überlegen muß, ist die Präsentation von überzeugenden Vorbildern, die Kinder zu gesundem Genuß animieren und damit zu guten Gästen von morgen heranwachsen lassen.

XII

ZUM SCHLUSS
EIN OFFENES WORT

Gut essen darf Spaß
machen, und Genuß muß
kein Luxus sein

Im Verhältnis der Gäste zur Gastronomie und der Gastronomen zu den Gästen läßt sich gewiß noch manches verbessern, damit in den Restaurants mehr natürliche Lebensfreude herrscht und in lockererer Atmosphäre getafelt und bedient wird. Wir Autoren dieses Ratgebers möchten hier nicht den Eindruck erwecken, wir würden jedes Problem kennen und könnten es lösen. Wir wollen nur gern aus unserer Erfahrung, die wir täglich in unseren insgesamt neun Restaurants machen, ein paar gravierende Punkte erörtern.

JÜNGERE GÄSTE ERWARTEN MEHR LEBENSFREUDE.

Jüngere Leute beklagen vielfach, daß in Feinschmeckerrestaurants alles auf die älteren Gäste abgestimmt sei, weil die das Geld haben und an ihren Gewohnheiten festhalten wollen. Dem ist zu entgegnen, daß immer mehr jüngere Gäste seit einigen Jahren das Durchschnittsalter in diesen Lokalen senken und daß mittlerweile in den allermeisten dieser Restaurants der Service ein erheblich niedrigeres Durchschnittsalter hat als die gastliche Runde.

Diese Verjüngung im Service ist der beste Garant dafür, daß eventuell in der gehobenen Gastronomie noch vorhandenes pompöses Gehabe und zeremonielles Getue zeitgemäßem Verhalten weichen wird.

„DER HERR HABEN SCHON GEWÄHLT?"

Nur recht geben können wir den Gästen, die überkommene, prätentiöse Sprechweisen stören. Der Service muß sich wirklich endlich mal die unerträgliche Floskelsprache abgewöhnen: „Der Herr haben schon gewählt?", „Waren die Herrschaften zufrieden?", „Ist der Dame noch ein Schluck Wein genehm?" Er sollte statt dessen lieber so reden, wie Menschen im normalen, freundlichen Umgang miteinander reden. Also: Haben Sie schon gewählt? Waren Sie zufrieden? Möchten Sie noch etwas Wein?

WORTGEKLINGEL

Und nur recht geben können wir auch den Feinschmeckern, die sich von Köchen abgestoßen fühlen, die ihnen mit schrillem Wortgeklingel auf ihren Speisekarten imponieren wollen. Das „Törtchen aus Gemüse von heimischer Taube", den „falsch gedeckten Apfelkuchen, mit Blut- und Leberwurst gefüllt, in zarter Meerrettichsauce", ein „Duo von Garnelen und Kaninchenrücken" oder das „Klein-Pariser Eisherz an Hagebuttensauce" würden wir auch nicht bestellen. Mit dieser Bemerkung wollen wir keine Kollegenschelte üben, sondern nur die bescheidene Frage stellen, ob solche Formulierungen der guten Küche Gäste eher zuführen oder entfremden.

Häufig werden der Gastronomie gesalzene Preise und zuckrige Gewinne unterstellt. Wenn die Betroffenen dann ihre Preispolitik zu erläutern beginnen, werden ihnen die kostspielige Uhr am Handgelenk des Kochs oder der ziemlich teure Wagen des Oberkellners vorgehalten. Beides erklärt sich nicht durch stolze Einkommen aufgrund zu hoher Preise, sondern ganz anders. Wer in der Gastronomie arbeitet, abends und am Wochenende, dem bleibt wenig Zeit zum vergnügten Leben und Geldausgeben. Das Geld, das der Koch oder Kellner nicht für Kino- oder Popkonzertabende und schöne Ausflüge oder Anzüge ausgeben kann, reicht nach einiger Zeit allemal für eine goldene Uhr, die er sich als Ersatzbefriedigung leistet.

STIMMUNGSTÖTER

Oberkellner, die manchmal blasiert wirken, Kellner, die nicht immer freundlich genug sind, und Köche, die bei ihrer Runde durchs Restaurant nicht an jedem Tisch von heiterer Gelassenheit sind, wollen wir nicht mit dem wahren, aber allzu bekannten Argument verteidigen, daß jeder Mensch nicht immer gleich gut drauf ist. Ihr Verhalten kann auch ärgerliche Anlässe haben. Sie können sich zum Beispiel über Gäste geärgert haben, die ein Gericht kräftig nachwürzen, ohne es vorher überhaupt zu probieren, oder die ihr Heil nur in schwer erfüllbaren Sonderwünschen suchen oder die sich damit wichtig tun, in welchen berühmten Häusern sie schon so und so gut gegessen haben und die lauthals Preisvergleiche zu den entsprechenden Gerichten anderer Restaurants anstellen, ohne die Differenz detailliert in bezug auf Qualität und Quantität der Produkte, auf Zubereitung und auf saisonale Preisschwankungen erörtern zu können.

So etwas wirkt auf Köche und Kellner genauso unangenehm, wie es dem Gast den guten Appetit und die gute Laune verdirbt, wenn ihm das Gefühl vermittelt wird, die Güte der Küche und die Vorzüglichkeit des Weins gar nicht erfassen zu können.

Verständnis haben wir, wenn Gäste ihr Empfinden beklagen, daß in der gehobenen Gastronomie das Sprichwort „Essen und Trinken hält Leib und Seele zusammen" in den letzten Jahren nicht richtig verstanden worden sei und deshalb die Seele des Gastes aufgrund eines typisch deutschen Perfektionsstrebens in vielen Restaurants manchmal zu kurz gekommen sei. Dieser Drang, in allem perfekt sein zu wollen und den ebenso perfekten Gast zu erwarten, macht ein Restaurant ungemütlich und stimmt leicht aggressiv.

DAS LOB DES EINFACHEN

Den Mitarbeitern der Spitzenrestaurants wiederum sprach der Restaurantkritiker Wolfram Siebeck aus der Seele, als er sich über die weitverbreitete neue Mode aufregte, daß es hierzulande „als höchstes Lob gilt, wenn ein Essen als ungekünstelt und einfach bezeichnet wird. Ausgerechnet bei uns Deutschen, die wir so stolz sind auf unsere Dichter und Denker, von denen nicht einer einfach gedacht hat, und deren Texte nie ungekünstelt waren – nicht die Texte Goethes, nicht Fontanes und nicht die Texte Thomas Manns. In der Musik wäre eine einfache und ungekünstelte Komposition ‚Fuchs, Du hast die Gans gestohlen'. Aber Bach und Beethoven sind nicht einfach, und Mozart ist wunderbar gekünstelt!

Auch die weniger musischen Exponate, auf die wir gern verweisen, sind nicht einfach: unsere elektronischen Produkte nicht, unsere Automobile nicht, und was an technischen Spitzenleistungen sonst noch vorzeigenswert ist: alles unglaublich kompliziert, raffiniert, aufwendig und kunstvoll.

Nur wenn es ums Essen geht, dann ist es allemal ‚Fuchs-Du-hast-die-Gans-gestohlen'. Da und nur da traut sich der Laie, seine Laienhaftigkeit zum Maßstab zu machen. Nur beim Essen sind wir stolz auf Unzulänglichkeiten, deren wir uns auf anderen Gebieten schämen würden. Da sind wir unkritische Verbraucher."

UND DAS SAGT BIO

Das aber bringt die Gastronomie nicht weiter. Dabei würde sie doch von ihren Gästen so gern motiviert, bei Tisch noch mehr Freude zu machen, jene Genußfreude selbstverständlich werden zu lassen, die beispielsweise Alfred Biolek ausstrahlt. Geben wir ihm also das letzte Wort und zwar darüber, daß Genuß weder mit Geld noch mit Luxus zu tun hat:

„Gutes Essen – darunter verstehe ich nicht nur etwas Erlesenes und ganz Ausgefallenes, sondern sogar eher etwas Einfaches. Vom Einfachen aber das Beste: Spaghetti al dente, die auf den Punkt gekocht sind, mit Butter und frisch geriebenem Parmesankäse, das kann ich sehr genießen mit einem Glas Rotwein. Das muß kein Château Margaux sein, sondern nur ein sauberer, ehrlicher Wein. Der Genuß ist also für mich keineswegs etwas Exklusives oder Luxuriöses.

In Deutschland gilt es eher als suspekt, wenn jemand viel Lebensfreude hat und Genußfähigkeit, gleichzeitig aber ein intelligenter, ein engagierter Mensch ist, vielleicht sogar ein tiefer Mensch – das geht hier nicht zusammen. In anderen Ländern ist das eine Selbstverständlichkeit. Daß in Frankreich ein Philosoph gern ißt, findet jeder ganz natürlich. Bei uns leider nicht.

In Italien, Frankreich, Griechenland kann man sehen, wie die Menschen dort ein Essen oder einfach auch das Leben mehr genießen können. Im übrigen müssen wir eine positive Sicht der Dinge lernen. Die Deutschen neigen immer dazu, zu sagen, ein Glas ist halb leer. Ich sage dagegen, das Glas ist halb voll, und ich freue mich darüber.

„LEBENS-
FREUDE
HAT NICHTS
MIT LUXUS
ZU TUN.“

Als Student hatte ich 150 Mark im Monat. Heute geht es mir sehr gut. Aber mein Spaß war immer gleich groß. Daß ich früher mit Freunden zu sechst im VW zum Essen nach Paris gefahren bin und heute erster Klasse in einem Zug, das ändert nichts an meiner Lebensfreude, denn die hat nichts zu tun mit Luxus, sondern mit Genuß beim Essen.“

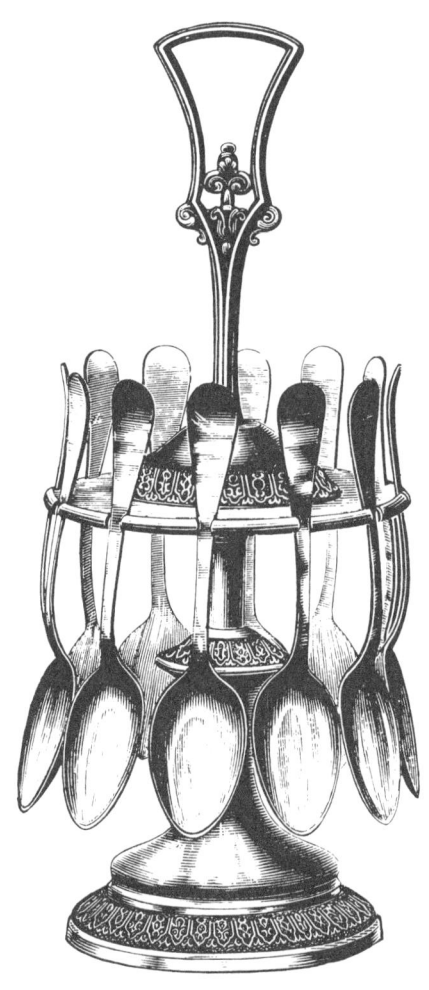

KULINARISCHE FACHAUSDRÜCKE

UND IHRE DEUTSCHE BEDEUTUNG

Aceto balsamico besonders feiner Essig aus Modena

Aiguilettes feine Streifen (von Fleisch oder Fisch)

Aïoli provenzalische Knoblauchmayonnaise

al dente gar gekocht, aber noch fest oder knackig

à la nage in Würzbrühe (Court-bouillon)

à la vapeur in Dampf gegart

al forno im Ofen gebraten

alla bolognese mit Fleischsauce

alla carbonara mit Eiern, Speckwürfeln und Schafskäse

alla milanese mit Tomatensauce

all' arrabiata mit roten Pfefferschoten

alla vongole mit Sauce aus kleinen Muscheln, Tomaten und Petersilie

Amourettes Rückenmark (von Rind, Kalb)

Amuse-bouche, Amuse-gueule Appetithäppchen

Antipasti Vorspeisen

Antipasti assorti/misti gemischte Vorspeisen

Antipasti al carro Vorspeisen vom Wagen

Apéritif, Apero Appetit anregendes Getränk vor dem Essen

à point auf den Punkt gegart (beim Fleisch: innen rosa, außen knusprig)

Arrosti misti Mixed Grill

a scelta nach Wahl

Assiette Teller

Assiette anglaise Kalte Platte

Assiette de crudité Rohkostteller

Assiette de fruits de mer Meeresfrüchteteller

assorti gemischt, Auswahl

Aumônière Teigtäschchen (geldbeutelartig geformt)

Baguette dünnes langes Weißbrot

Ballotine im klassischen Sinn entbeintes, schieres Fleisch, das mit Farce wird; heute auch oft für Pasteten mit Farce oder für kleine Roulade gebräuchlich

Baron Keulen oder Filets

Bavarois crèmiges Dessert

Bavette mageres Fleischstück

Beignets Krapfen

Bisque cremige Suppe, seltener: Püree in Suppenform

Blanquette Ragout von hellem Fleisch (oder Fisch)

Blini Pfannkuchen aus Buchweizen

Bollito misto gemischtes gekochtes Fleisch

Bonne femme auf Hausfrauenart

Borschtsch variantenreiche russische Suppe, im Prinzip aus Rindfleisch, Roter Bete, Kartoffeln und Gemüsen

Bottarga gepreßte Thunfischeier

Bouillabaisse Fischsuppe

Bouquet Kräutersträußchen

Bourride provenzalisches Fischgericht mit gebundener Brühe

braisé geschmort

Bresaola dünngeschnittenes luftgetrocknetes Rindfleisch

Brochette kleiner Bratspieß

Brunoise ganz kleine Gemüsewürfel

brut sehr trocken, z. B. Champagner

Caesar's Salad Kopfsalat mit Sauce aus weichen Eiern, Sardellenpaste, Olivenöl und Zitronensaft; serviert mit geknofelten Croûtons und Parmesan

Cannelloni dicke Röhrennudeln, gefüllt, in Tomatensauce gebacken und mit Béchamelsauce überzogen

Carcasse Gerippe von Tieren, zur Fondgewinnung ausgekocht

Carpaccio im klassischen Sinn hauchdünn aufgeschnittenes rohes, kurz mariniertes Fleisch; heute in vielen Varianten

Carré Rückenstück

Cassolette Pfannengericht, meist in feinem Pfännchen serviert

Cassoulet deftiger Eintopf mit weißen Bohnen

chambré temperiert, meist zimmerwarm

Chariot Auswahl, steht meist für Dessert- oder Käsewagen

Charlotte Dessert-Crème, die in einer mit Bisquit ausgekleideten Form erstarrte

Chartreuse im Wasserbad gegarte Ei/Sahne-Mischung mit Gemüse oder Fleisch

Châteaubriand großes Rinderfilet für mehrere Personen

Chemise Hemd. Kulinarische Bedeutung: im Teig oder in anderer Hülle

Chianina edles Rind aus der Toskana

Chiffonnade in Streifen geschnittenes Blattgemüse

Cocquille St-Jacques Jakobsmuschel

Cocotte Schmortopf

Confiserie Süßwaren, Konfekt

Confit eingemachtes Fleisch, kandierte Früchte

Consommé geklärte Bouillon

Coq au vin in Rotwein geschmortes Hähnchen

Côte Kotelett

Coulis Püree, Saft, Sauce (ohne Mehl oder anderes Bindemittel)

Court-Bouillon würzige Brühe zum Garen von Fisch und Meeresfrüchten

Couvert Gedeck, Brot und Butter

Crêpes Pfannkuchen, Omelette mit Füllung

Crépinette im Schweinsnetz gegartes Fleisch

Crespelle dünner Eierkuchen

croquant knusprig

Croustade knusprige Pastete

Croûte Kruste, im Teigmantel gebraten

Croûton geröstete Brotstückchen

cru, crudo roh

Cru Weinberg (Grand cru: berühmte Lage)

Crudité rohes Gemüse in mundgerechten Stücken

Crustacés Krustentiere (wie Hummer, Krebse)

Daube marinierter Schmorbraten (en daube: geschmort)

Dégustation probieren, kosten

Délices de ... Begriff aus der Konditorei, heute beliebig im Sinne von „Köstlichkeiten von ..." verwendet

demi-sec halbtrocken, halbsüß

demi-sel leicht gesalzen

Digestif Spirituose nach dem Essen

Dim Sum gefüllte Teigtaschen, gedämpft oder fritiert

Dîner Abendessen; nur in Belgien: Mittagessen

Ecrevisses Krebse

emincé in Streifen oder Scheiben geschnitten

Emincé in Scheiben geschnitten, geschnetzelt

Enchiladas sanft gebratene Tortillas, die gefüllt und dann gerollt werden

Entrecôte Zwischenrippenstück

Entrée erster Gang im Menü

en papillote in Papierhülle oder Alufolie gegart

en vessie in der Schweinsblase

Escalope Schnitzel

Etuvée Geschmortes

Farce Füllung

farci gefüllt

Farfalle schmetterlingsförmige Nudeln

Fettucine Bandnudeln

Feuilleté Blätterteig

Fèves Puffbohnen

flambé flambiert

Flan Pudding oder Torte

Fleurons Blätterteiggebäck (meist halbmondförmig)

frappé eisgekühlt

Friandises Konfekt und Gebäck zum Dessert oder Kaffee

Fricandeau Kalbsnußstück

frit fritiert

Friture Fritiertes

fumé geräuchert

Fumet Sud, Fond, Sauce

Fumet Essenz (meist aus Fischgräten)

Galantine mit Farce gefüllte (zubereitete) Tierhaut, in Scheiben serviert

Galette runder, flacher Kuchen

Gazpacho kalte, pikante spanische Suppe auf Tomatenbasis

Gâteau Kuchen oder Pastete

Gâteaux Gebäck

gazeux kohlensäurehaltig

Gigot Keule, Schenkel

Gigue Keule bei Wild

givré vereist

Glace Eis oder Glasur

Gnocchi Klößchen aus Kartoffeln und Mehl, Grieß oder Maismehl

Goujonnettes Streifen (meist von Seezunge), die so geschnitten sind, daß sie beim Braten korkenzieher-ähnlich werden

Goût Geschmack

Granité geeistes Püree

Gratin Überbackenes, Auflauf

Gratin dauphinois in Milch gekochte und überbackene Kartoffeln, mit Käse gewürzt

Gratin savoyard in Bouillon gekochte und überbackene Kartoffeln, mit Käse gewürzt

gratiné überbacken

Graved Lachs mit Gewürzen, viel Dill und etwas Cognac marinierter roher Lachs

haché gehackt

Hachis Gehacktes, Hackbraten

Hors-d'œuvre Vorspeise

Infusion Aufguß, Tee

Involtini Rouladen

Jarret Haxe

Julienne in feine Streifen geschnittenes Gemüse oder Obst

Kobe-Rind sehr gutes japanisches Fleisch von Tieren, die massiert werden, um das Fett gleichmäßig im Fleisch zu verteilen

Kroepoek in Fett gebackener Krabbenmehl-Fladen

Lasagne große flache Teigwaren, schichtweise gefüllt und überbacken

Lotte Seeteufel

Loup de mer Wolfsbarsch

Magret de Canard Brüste von Stopfleberenten

Manzo brasato Schmorbraten

Médaillon rund geschnittene Filetscheibe

Millefeuille einst nur Blätterteig, heute auch Gericht in Schichten

Minestrone Gemüsesuppe mit Teigwaren

Morue Stockfisch

Moules Muscheln

Mousse schaumige Crème oder feine Farce

Mousseline Püree mit geschlagener Sahne

Noisette Haselnuß oder Scheibe vom Filet

Omble chevalier Saibling

Paella spanisches Reisgericht mit Safran, verschiedenen Fleisch-, Meeresfrüchte- und Gemüsesorten

Paillard Kunstwort für besonders gutes Stück; meist für dünngeschnittenes Filet verwendet

Pappardelle breite Nudeln

Parfait halbgefrorene Süßspeise oder feine Pastete

Pâte Teig

Pâté Pastete; eine Farce im Teigmantel, ohne den sie Terrine heißt

Pâtisserie Feingebäck, Konditorei

Paupiettes Fleisch- oder Fischröllchen

Pavé Pflasterstein. Kulinarische Bedeutung: eckig geschnittene, dicke Stücke

Penne kurze röhrenförmige Nudeln

Périgord-Trüffel (schwarze) Trüffel aus der südwestfranzösischen Landschaft Périgord

Pesto dicke Sauce aus Basilikum, Knoblauch, Olivenöl (und oft noch Pinienkernen)

Petits fours Süßigkeiten zum Dessert und Kaffee

Pichet Weinkrug

Pistou dicke Sauce aus Basilikum, anderen Kräutern, Knoblauch, Olivenöl, Zitronensaft, Salz und Pfeffer

Plat Gericht, (Aufschnitt-) Platte

Plat du jour Tagesgericht

Plateau Tablett, (Käse-) Platte

poché unter dem Siedepunkt gegart (pochiert)

poêlé in der Pfanne gebraten

Pomme Apfel

Pomme de terre Kartoffel

Pot-au-feu Eintopf

Pré-salé Lamm, das auf Weiden graste, die von Meerwasser überspült werden

Primeurs Frühgemüse, Frühobst

Profiteroles kleine Windbeutel

Quenelles Klößchen

Quiche Zwiebeltorte, Speckkuchen (Quiche lorraine), salzige Käsetorte (Quiche au fromage)

Ratatouille Ragout aus Gemüsen und Gewürzen, in Olivenöl gedämpft

Rigatoni Röhrennudeln

Ris de veau Kalbsbries

Risotto alla milanese Risotto mit Safran

Risotto alla piemontese Risotto mit weißen Trüffeln

Rösti in Butter gebratene rohe Kartoffelstreifen

rôti gebraten

Rouget Rotbarbe

Rouille pikante dicke Sauce zu Fischsuppen

Rucola Rauke, leicht bitter schmeckender Salat

Sabayon Weinschaumcrème

saignant so gegart, daß es innen noch roh ist

salé salzig

Salmis Ragout

Salsa verde grüne Sauce aus Kräutern, Sardellen, Kapern und Olivenöl

Sashimi japanische Gerichte oder Häppchen aus rohem Meeresfisch, meist sehr dekorativ zubereitet

sauté angebraten und in der Pfanne weitergegart

selon Grosseur nach Größe

Sisteron besonders gute französische Lamm-Art

Sorbet Eis aus Fruchtsaft oder Fruchtmark ohne Sahne oder Milch, manchmal mit etwas Eiweiß. Mit und ohne Alkohol zubereitet oder serviert

Soufflé Auflauf

Soufflé glacé gefrorener Auflauf, enthält Schlagsahne

Sous la cendre unter der Asche gegart

Strozzapreti Griesknödelchen

Sukiyaki japanisches Rindfleischfondue, mit vielen Gemüsen

Suprême feinste Stücke vom Geflügel, Fisch oder Fleisch

Surprise Überraschung. Wer z. B. ein Menu surprise bestellt, erfährt vorher nicht, was der Koch zubereiten wird.

Sushi japanische Reisbällchen, die mit rohem Fisch oder rohen Meeresfrüchten gefüllt sind

Tacos in Mexiko beliebig gefüllte und gefaltete Tortilla, in USA knusprig gebackene und mit pikant gewürztem Fleisch gefüllte Tortilla

Tagliarini Nudelart

Tagliata aufgeschnittenes Fleisch

Tagliatelle Bandnudeln

Tapas pikante Appetithäppchen in Spanien

Tapenade pikant gewürzte Olivenpaste

Tempura in Ausbackteig getauchte und in heißem Fett schwimmend gebackene Fischstücke, Krabben oder Gemüse

Teriyaki in Sojasauce und Reiswein mariniertes gegrilltes Rindfleisch

Tian überbackenes Gemüse

tiède lauwarm

Tortelli große Nudeln, pfannkuchenartig

Tortellini Nudeln mit Füllung aus Käse, Fleisch und Gemüse

Tortilla dünner Eierpfannkuchen

tranchieren Zerteilen von im Ganzen zubereitetem Braten, Geflügel oder Fisch in tellergerechte Teile am Tisch des Gastes

Triglia Rotbarbe

Velouté samtig aussehende Suppe oder Sauce

Vermicelle Fadennudeln

Vol-au-vent Blätterteiggehäuse für Füllungen

Wasabi japanischer Meerrettich, grün und sehr scharf

Zarzuela spanischer Eintopf aus Muscheln, Krustentieren, Fischen in pikanter Tomatensauce mit Weinbrand

Solche pauschalen Bewertungen eines Weinjahrgangs sind stets nur ein Hilfsmittel für die Auswahl eines Weins. In einem allgemein guten Jahr eines großen Weinbaugebiets wird nicht jeder dortige Wein gut sein, in einem allgemein mäßigen Jahr kann es sehr wohl einzelne angenehme Überraschungen geben. Die folgende Übersicht hat die Weinhandlung Martel AG in St. Gallen zusammengestellt. Die Noten bedeuten:

1 = herausragender Jahrgang; 2= sehr guter Jahrgang; 3 = guter Jahrgang; 4 = passabler Jahrgang; 5 = problematischer Jahrgang

	Deutschland	Burgund weiß	Burgund rot	Medoc/Graves	St. Emilion/Pomerol	Rhône/Provence	Toskana	Piemont	Rioja	Kalifornien weiß	Kalifornien rot
1995	2+	2	2	2	2	2+	2+	2+	2+	3+	2
1994	2+	3+	3	3+	2	2	2	3	2+	2	2
1993	2+	3	2+	3	3+	2	2+	3+	3+	3+	2
1992	3+	2+	4+	4	4	3+	3+	4	3+	3+	3+
1991	3	3+	3+	4+	5+	3	2	4	2	2	2
1990	1	3+	1	2+	2+	2+	1	1	2	2+	1
1989	1	1	2	2	2	2+	4+	2+	2+	4+	3
1988	2	3	2	2	2	2+	2+	2	3+	2	3
1987	4+	4+	3	4+	4+	4+	3	3	2	3	2
1986	3	3+	4	2+	3+	3+	3+	3+	3	3+	2
1985	2	2	2+	2	2+	2+	1	1	3+	1	1
1984	4+	3	4	4+	4	3	4	4	4	2+	3
1983	1	2	3	3+	3+	2+	3+	3	4+	3+	3+
1982	4	3	3	1	1	3+	2	2+	2+	3+	3

STICHWORT-VERZEICHNIS

QUELLEN

Wir danken für die erteilten Abdruck-
genehmigungen:

Seite 81–83:
Hugh Johnson, „Der kleine Johnson",
Hallwag Verlag, Bern und Stuttgart,
1996

Seite 96 - 97:
Kuno Arndt, „König Gast – Über den
Umgang mit Gästen", Hugo Matthaes
Verlag, Stuttgart

Seite 123 - 124:
Dr. Manfred Koch-Hillebrecht, „VIF
Kolumne", 10/94

Seite 127:
Petra Schmidt-Decker, „Das große
Buch des guten Benehmens", Econ
Verlag, Düsseldorf, 1995

Seite 146 - 147:
Alfred Biolek Auszug aus einem
Interview mit Wolfram Schroeder,
Berliner Morgenpost (Tiefdruck-
beilage), 1994